Kunsten at *være*

En bog om sammenhænge, mening, resonans, eksistentiel tryghed og ledelse.

Peter Mikkelsen

Kunsten at *være*

Forlag: BoD · Books on Demand, Strandvejen 100, 2900 Hellerup,
bod@bod.dk
Tryk: Libri Plureos GmbH, Friedensallee 273, 22763 Hamborg, Tyskland
ISBN 9788743087489

Indhold

Indledning

Bogens omdrejningspunkter:

"Kunsten at være" er titlen på denne bog. Titlen antyder på samme tid det simpleste i verden og det mest komplekse i livet og *livet* og *verden* er netop centrale omdrejningspunkter for denne bog.

Det at være til i verden er jo på den ene side defineret ved at trække vejret i en årrække indtil man en dag ånder ud. Længere er den jo i og for sig ikke.

Vi kan vælge at tilstræbe at være sunde og retfærdige undervejs. Vi kan forsøge at sætte et aftryk på verden og gøre en forskel for os selv og andre undervejs. Vi kan være ligeglade og selviske. Vi kan gøre vores bedste og forsøge at blive den bedste udgave af os selv. Enkelte af os kan få en nobelpris og andre kan redde nogen fra at dø. Vi kan blive rige og magtfulde og være med til at vedtage nye love. Vi kan tage ting og mennesker for givet, være skeptiske hele livet eller fortryde ting vi har gjort. Vi kan være opofrende hele livet og investere alt hvad vi ejer og har i at verden skal blive et bedre sted at være. Vi kan bruge størstedelen af vores tid på at undersøge, hvorfor det gik som det gik, hvad årsagen til ting var og ikke mindst hvis skyld det hele var.

Men selve det at "være til" er i hvert fald i èn sproglig betydning blot et udtryk for at være i stand til at trække været i tid og *tid* er netop et andet centralt omdrejningspunkt for denne bog.

I en anden sproglig betydning henviser det "at være" eller "Kunsten at være" til evnen til at *være til*, i det vi opfatter som en mere *egentlig* forstand. Væren bliver i denne betydning til et mere eksistentielt anliggende, som henviser til muligheden for at leve et mere meningsfuldt liv og *meningsfuldhed* bliver derfor også et centralt omdrejningspunkt for denne bog.

Livet, verden, tiden og meningsfuldheden er omdrejningspunkter for "Kunsten at være". Så langt så godt.

Formål:

Enhver god lov starter med en formålsparagraf. Enhver god bog starter med bevidstheden om, hvad man vil med bogen. Så hvad er formålet med denne bog egentlig, skal man vel spørge sig selv. Formålet er simpelt og komplekst.

Formålet er simpelthen at få et bedre liv, hvor man med sindsro smiler mere *til* og *over* tilværelsen. Et bedre liv både for læseren og forfatteren. Forfatteren (i dette tilfælde mig) skal få et bedre liv, fordi denne bog i alt for mange år nu har trængt sig på og trænger til at komme til udtryk. Formålet for mig som forfatter er således ikke (og man skal nogle gange forstå ting gennem deres modsætning altså i form af hvad de *ikke* er) at heale eller helbrede noget indeni mig selv. Formålet er ikke at hèle, men snarere at dele. Dele refleksioner med andre. Dele tanker til glæde for andre. Formålet er ikke at sælge en masse bøger og blive rig og kendt. Formålet er ikke at blive årets oplægsholder i 2028 eller få sit eget show. Formålet er ikke at skabe en platform for noget andet og større. Formålet er ikke vækst.

Formålet er bevidsthed. Bevidsthed både for forfatter og læser. Bevidsthed om at være til. Bevidsthed om at balancere trangen til meningsfuldhed i forhold til erkendelsen af, at vi blot er til, i tid, i verden. Altså det at ville noget med sit liv velvidende at uanset hvad vi gør, så er vi i virkeligheden ikke ret vigtige. Når man har erkendt dette og kan indtage denne erkendelse til morgenmad med et *smil*, så har man blik for, hvad formålet med denne bog er.

Formålet for læseren er ikke *øget* bevidsthed eller *øget* erkendelse eller selvudvikling eller evnen til at blive en bedre udgave af sig selv.

Formålet for læseren er at erkende og genkende.

Erkende og genkende strukturer og mønstre i tilværelsen og minde sig selv om det simple i at være til i verden uden at miste smilet, glæden eller modet. Det simple opfattes nemlig ofte som det samme som det ligegyldige. Hvis vi kigger ind i at vi, når alt kommer til alt, blot er dråber i tidens uendelige hav, så kan det forekomme ligegyldigt, hvad vi gør. Vi kunne blive ramt af "Tilværelsens ulidelige ligegyldighed". Men dette er slet ikke pointen eller formålet.

Formålet er at blive i stand til at smile til og over ligegyldigheden og netop have lysten og modet til at kaste sig ud i alverdens velmenende projekter, på godt og ondt, med alt hvad man ejer og har, selv om man godt ved, at det ikke ændrer noget i universel forstand. Gør det alligevel, men gør det med et smil. Gør det ikke på trods. Historien har i øvrigt skånsesløst vist os at verden sjældent bliver et bedre sted at være pga. menneskelige tiltag. Men igen skal jeg minde om at bogens formål ikke er at få verden til at blive et bedre sted at være. Formålet for læseren er ikke at redde verden, men at finde modet til at erkende, at vi bluffer os selv, når vi tror, vi er ved det. Tiden går og ting sker. Vi tror, vi er herrer over alt muligt, men enhver naturkatastrofe, enhver tsunami, ethvert jordskælv, enhver pandemi, enhver krig og enhver uforklarlig sorg og smerte vidner om, at vi principielt er prisgivne. For at læse videre i denne bog skal man kunne skimte frihedens mulighed forude. Man skal lige nu kunne finde modet til at stå ved, at det er sådan, det er, for ellers vil man lægge bogen fra sig netop nu. Denne bog er ikke for folk, som vil lulles i søvn og pakkes ind i forestillingen om, at vi kan udgøre hinandens psykologiske tryghed. Det kan vi ikke. Så er der noget, vi ikke har erkendt eller noget vi ikke har villet tage med os på livets vej. Vi er principielt alene med vores sind og smerter, det ved alle, men vi bestemmer selv, hvordan vi vil forholde os til dette faktum.

Heri ligger frihedens mulighed.

Vi kan lige så godt smile over det og gå afmagten i møde, som vi kan blive i dårligt humør over det. Vi kan godt blive bedre til at være i verden og i livet uden at bluffe os selv. Mennesker får et bedre liv hele tiden. Formålet med denne bog er at bevare motivationen til at blive bedre til at *være* på disse betingelser. Hvis du som læser, på nuværende tidspunkt, i det mindste kan være nysgerrig på refleksioner over, hvordan man bliver i stand til dette, så er det en god ide at læse videre. Ellers vil jeg anbefale at du dropper denne bog.

Videnskabsteoretisk bagland:

Bogens videnskabsteoretiske bagland er funderet i fænomenologi og hermeneutik.

Fænomenologien skinner igennem, fordi den minder om den meningsrigdom, der altid allerede *er* forud for oplevelsen og fortolkningen af fænomenet. Fænomenologien tilstræber at beskrive, det som viser sig for en bevidsthed. Fænomenologien beskæftiger sig således med erkendelsen, af det der viser sig og således med oplevelsen af det der forekommer. Det der forekommer, ikke alene i form af genstande og hændelser, men også i form af tilstande, stemninger, sansning og følelser. "Kunsten at være" har rødder i fænomenologien, fordi denne viser hen til sammenhængen mellem mennesket og verden. Den viser hen til forholdet til verden. Fænomenologien retter opmærksomheden imod den taknemmelighed, igennem hvilken man kan vælge at tilgå verden. Man kan med mening stille sig taknemmelig, i forhold til livet i erkendelsen af det som verden, i og ved sig selv, lader komme til syne. Al den mening der alene med sit tilstedevær viser sig i form af nærvær, kærlighed, æstetik, natur og glædesfyldte stemninger, kan ingen anden rigdom udkonkurrere.

Fænomenologien minder os tillige om vores tilhørsforhold. Vores tilhørsforhold til verden og til andre. Fænomenologien minder os om, at vi er til i tid i *forhold til* noget andet end os selv. Med fænomenologien som inspiration mindes vi om, at der er noget andet, vi kan afstemme os i forhold til. Det vi kaster ud i livet og verden af projekter afstemmes. Fænomenologien forebygger således den altoverskyggende herskende fremmedgørende folkesygdom, som viser sig som ligegyldighed og meningsløshed i oplevelsen af at verden forstummer. Hvis ikke der altid allerede er et noget, i forhold til hvilket det vi bringer ind i livet afstemmes, så vil risikoen for oplevelsen af tomhed, meningsløshed og ligegyldighed stige. Først i forhold til noget andet end os selv vil spændinger kunne opstå. Vi kan godt forstå os selv som et forhold, der forholder sig til sig selv, men denne forståelse slår ikke mange gnister an (Resonans). Fænomenologien henviser os på ny til oplevelsen af sammenhæng i verden med andre (OAS).

Hermeneutikken skinner igennem som erkendelsen af at måden at forstå verden på altid allerede er et (for)fortolket forhold.

Det som viser sig for os (fænomenet) opleves altid igennem et filter af for-forståelse. Vi ser, mærker og oplever ikke fænomener ens. Vi oplever dem ikke engang ens selv fra gang til gang. Vores oplevelser er f.eks. defineret af stemninger, ressourcer, stress og belastningsgrad.

Vi fortolker således automatisk, det som tilværelsen bringer og udlægger det herefter i lyset af tolkningen af fænomenets betydning. Udlægningen tolkes igen af andre og af os selv. Vi bliver f.eks. undertiden overraskede over, hvordan en tanke kommer til udtryk, når vi siger den højt (det lød meget bedre inde i mit hoved fænomenet). Fænomenet fortolkes, udlægges og fortolkes igen og endnu et (meta) lag bliver nu genstand for fortolkningens mulighed. Den trænede tager sin egen tolkning og udlægning i betragtning, alt imens tolkningen udlægges på ny. Der opstår hermed en hermeneutisk cirklen i form af tolkningens tolkning af udlægningen, som danner afsæt for kommende udlægninger og så fremdeles. Dette kan måske illustreres således:

Hermeneutisk cirklen:

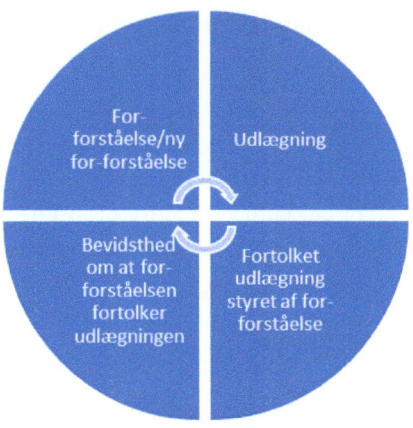

Udlægningen af bogens videnskabsteoretiske bagland skal med andre ord her tjene det optimistiske og taknemmelige formål at henlede opmærksomheden på tilsynekomsten af en meningsrigdom, sammenhæng, samklang og en genklang i forståelsen af mødet med verden. Der er altid allerede uendelige grunde til at være taknemmelig, alene overfor det forhold at man er til. Fænomenologien understøtter teoretisk dette forhold og hermeneutikken kan bidrage til at forstå hvordan vi begriber dette forhold.

Filosofisk bagland:

Bogens filosofiske bagland bygger primært på værker af Heidegger, Kierkegaard, Løgstrup, Kant, Nietzsche, Husserl og Wittgenstein.

Psykologiske bagland:

Bogens psykologiske bagland er primært inspireret af værker af G.H. Mead, C. G. Jung, Vygotskij, Leontjev, Svend Brinkmann og H.H. Olesen.

Sociologisk bagland:

Bogens sociologiske bagland er primært funderet i værker af Hartmut Rosa.

Skønlitterært bagland:

Bogens skønlitterære bagland er inspireret af forfattere som Herman Hesse, H. Pontoppidan, Milan Kundera og Peter Høeg ligesom instruktører som Godfrey Reggio, F. F. Coppola og Christoffer Boe har været en stor inspirationskilde.

Bogens opbygning:

For overblikkets skyld og for at gøre bogen mere tilgængelig og interessant for den enkelte læser bygges den op i form af refleksioner over forskellige perspektiver over "Kunsten at være". Bogen inddeles derfor i kapitler med forskellige perspektiver på dette i form af f.eks. "Kunsten at være ... ærlig". "Kunsten at være ... leder". Kunsten at være ... sig selv". Kunsten at være ... modig", "Kunsten at være ... kærlig" etc.

Kapitlerne som til stadighed skal illustrere del-elementer ved selve bogens grundlag, nemlig "Kunsten at være" er blot for at gøre bogen mere spiselig. Bogen handler om "Kunsten at være" i forskellige afskygninger. Bogen er på ingen måde et udtømmende opslagsværk om de forskellige livstemaer, men perspektiverne og refleksionerne kan læses særskilt og forhåbentlig skabe grundlag for debat. Hvis det for nogen er mere overskueligt kan man sagtens læse de illustrerende fortællinger før man læser de redegørende, ligesom man godt kan læse kapitel 2 eller kapitel 3 før kapitel 1. Kapitlerne kan endvidere sagtens læses særskilt.

Sammenfattende kan man sige at hele bogen hænger sammen, men hvor kapitlet med T.U.R.N er en tilgangs-analytisk del om at rette sig imod meningsfuldhed, omhandler kapitlet om resonans mere den tilstand der heraf fremkommer hen imod den eksistentielle tryghed, som er målet og grundforudsætningen for både meningsfuldhed og resonans på en og samme tid.

Første del

Kunsten at *være* ... meningsfuld.

Kunsten at være meningsfuld eller måske rettere "Kunsten at være i stand til at rette sin opmærksomhed imod det meningsfulde", må betragtes som et af bogens mest centrale kapitler. Her ligger nemlig en mulighed eller for nogle måske en nøgle til aktivt at ændre perspektiv i livet. Der hersker grundlæggende enighed om at meningsfuldhed er en afgørende faktor i forhold til vores trivsel. Derfor er meningsfuldhed i forhold til f.eks. vores arbejdsglæde også en dokumenteret afgørende faktor. Det at vi oplever vores arbejde som meningsfuldt, har derfor i mange år været et opmærksomhedspunkt hos arbejdsgivere i forhold til medarbejdertrivsel og fastholdelse.

Meningsfuldhed er også en afgørende faktor i forhold til èns modstandsdygtighed. Det har i flere studier vist sig, at de mennesker som er i stand til at bringe et meningsfuldt perspektiv i spil, dvs. rette opmærksomheden imod en sammenhæng, som er større end vedkommendes egen isolerede situation, har en større sandsynlighed for at overleve i spidsbelastede situationer. Det at rette sin opmærksomhed imod meningsfuldhed eller "Kunsten at være meningsfuld", er en evne man kan træne og blive bedre til at mestre ligesom så meget andet. I forsøget herpå viser der sig nogle grundlæggende strukturer, i forhold til, hvad det helt fundamentalt er meningsfuldt for mennesker at rette sig imod. Jeg vil løbende komme ind på indholdet i disse strukturer.

Inden da en indledende betragtning som kan være med til at belyse grundlaget for den menneskelige meningsfuldhed.
"Indledende betragtning.
"Menneskets dobbeltsidighed"
Som artsvæsner er vi som mennesker blevet tildelt den "indsigtsfulde gave", på godt og ondt, at livet holder op igen. Samtidig er vi født med et overlevelsesinstinkt, som til enhver tid driver os i retning af at udnytte og udvikle vores fulde potentiale som mennesker. Disse to kræfter vil altid ligge latent i os og de udgør tilsammen en

dobbelthed, som vi på den ene side er nødt til at acceptere som et vilkår, for det er det, men som vi på den anden side næsten ikke kan "holde ud".

Den første side af selve det at være til som menneske består således i, at vi godt ved at tilværelsen hører op igen en dag. Vi kan næsten ikke holde tanken ud, når vi er lykkeligst, for det gode må bare ikke stoppe igen vel?

Det er derfor vi siger til vores børn, at "nu kan vi altså kun nå en tur mere i karussellen inden tivoliparken lukker", for barnet får et lille chok hver gang det gode stopper. Det er jo en lillebitte bid af selve livets lagkage, vi tager fra dem hver gang tingene stopper. Vi kan mærke deres smerte eller skuffelse om man vil, så vi prøver at forberede dem, men det virker ikke rigtig vel? Vi skynder os så at sige til dem, at de må få noget slik i bilen på vejen hjem og så går det hele lidt igen. Stadig samme fænomen vi er oppe imod. Ting hører op!

Det er jo heller ikke nogen tilfældighed, at man på værtshuse ringer med klokken for sidste omgang. Jeg medgiver, at der også kan være et salgsargument for det, men det er også for at undgå frustration hos kunderne over, at nu er der ikke mere af det gode. Konklusionen kunne være, at så må vi bare "lade være". "Lade være" med at gøre det der gør os lykkelige for så slipper vi for skuffelsen, når det hører op. "Lade være" med at blive forelskede igen, når den vi elskede forlader os. "Lade være" med at tage på ferie for det er ikke til at "holde ud", at vende tilbage til hverdagen og så videre.

Men her støder vi ind i den anden side af det livsvilkår, vi er blevet givet i gave fra fødslen.

Vi kan ikke. Vi kan ikke "lade være". For driften eller trangen til at udnytte vores potentiale er ikke kun et egoistisk personlighedsprojekt. Det er også en form for forpligtelse. Vi oplever, at vi er forpligtede til at være det vi er og udvikle os til at tage imod den gave livet er. Jeg skal her for klarhedens skyld indskyde, at jeg er ikke et troende menneske. Jeg taler kun om det forhold, at vi er bevidste om som art, at livet er givet os i gave for en tid. Vi føler os forpligtede til at tage imod livets muligheder og derfor fører mange af os også slægten videre, videreuddanner os, søger rigdom og oplevelser og hvad der ellers måtte ligge i denne "livets honningkrukke".

Vi kan ikke holde ud ikke at tage imod livet og vi kan heller ikke holde ud, at det holder op igen, men vi kan lære at leve med det og vi kan lære at smile af det forhold, at vi ved, at det er sådan det er.

Vi kan blandt andet lære at leve med det, ved at vende os imod meningsfuldheden i forsøget på at skabe eller genskabe en form for balance *i* det vilkår vi er underlagt som mennesker *med* de indsigter og drivkræfter, vi er udstyret med. Vi kan blive gode til at vende os imod eller rette vores opmærksomhed imod det meningsfulde. Vi kan øve os i Kunsten at være meningsfuldt til stede i livet. Ved at være til stede meningsfuldt i livet mens man retter sig imod de meningsfulde forudgivne strukturer i verden, bindes det at *være til* sammen med den verden, man er *til i*. Der bliver så at sige genskabt sammenhæng mellem oplevelsen af at være i live og oplevelsen af at være til i tid verden. Man sætter sig selv i forhold til noget andet end sig selv.

T.U.R.N. - indledende bemærkninger.

Jeg skal i det følgende prøve at skitsere de nævnte grundlæggende meningsfulde strukturer i tilværelsen, som man med mening kan rette sig imod, i tilstræbelsen på at skabe og genskabe sammenhæng.

For systematikkens skyld har jeg valgt at give denne bevægelse eller tilstræbelse et navn.

Jeg kalder den "T.U.R.N".

"T.U.R.N" betyder at vende, dreje eller rette sin opmærksomhed imod eller omkring noget meningsfuldt.

Jeg vender tilbage til en systematisk belysning af strukturerne i T.U.R.N. lidt senere. Inden da en kort refleksion over baggrunden for metodens indhold.

Baggrunden for T.U.R.N. handler om det forhold, at vi altid allerede deler noget med andre. Vi deler med hinanden i mange former og af mange årsager. Her er jeg dog udfordret af, at det jeg ønsker at dele, næppe lader sig rumme indenfor det medie, igennem hvilket vi oftest deler med hinanden, nemlig sproget. Meningsfuldheden i livets fænomener, er netop karakteriseret ved at kredse om det som sprogligt set vanskeligt lader sig indfange i begrebsmæssig form. Det meningsfulde er netop større end sproget og vi vil uundgåeligt miste noget af den meningsrigdom, vi forsøger at kommunikere omkring, når denne forsøges formidles sprogligt. På dansk benytter vi os således også af udtryk, som "vi har noget på hjerte", når vi vil sige noget meningsfuldt. Dette sproglige billede tilføres faktisk ikke nævneværdig betydning, ved at man udpensler, "at der er tale om en følelse eller oplevelse af, at der er noget væsentligt, vi kan mærke, som vi ønsker at udtrykke i sproglig form". Som sådan kan man indvende, at jeg er ved at underminere mit eget projekt, da jeg jo netop er ved at beskrive hvad meningsfuldhed handler om. Og dog, min ambition er ikke at gøre rede for meningsfuldhed. Jeg tilstræber blot at minde om, at vi kan vende os imod det meningsfulde.

Vi deler hele tiden oplevelser med hinanden. Vi gør det af mange grunde. Vi vil gerne ses. Vi vil gerne give til andre. Vi vil gerne bekræftes og vi vil gerne respekteres. Alt sammen på hver sin særegne måde anerkendelsesværdige begrundelser for at dele med hinanden.

Vi deler også for at genopleve og genskabe et tilhørsforhold til noget, som er større end os selv. Et tilhørsforhold til en sammenhæng.

Når jeg her deler noget, så er det for at give livet noget tilbage.

Man glemmer nemlig ofte, hvad det hele egentlig handler om. Det hedder værensglemsel og er et helt almindeligt fænomen, som har fået et fint navn indenfor filosofien. Man optages som alle andre af dagligdags gøremål, som rengøring, penge og forfængelighed. Man vil være rig og kendt og alt det der, ligesom alle andre. Man ser det som en nødvendighed at være optaget af sådanne ting, for livet kan ikke indoptages i rene doser hele tiden. Vi er som art ikke rustet til at koncipere livet i sin renhed og simpelhed hele tiden. Vi ville simpelthen bryde sammen, hvilket der også findes flere eksempler på mennesker gør, når de tager livet ind uden filter. Livet må indoptages i mindre doser, men holder vi helt op med at lade tilværelsen skinne igennem i sin mest umiddelbare og simple form, så vil vi til

gengæld gå glip af selve kimen til modstandsdygtigheden imod li-
gegyldigheden, tomheden og egoismen, som uvægerligt vil sætte
stemning i tilværelsen. En stemning vi ikke kan holde til at være i
for længe ad gangen.

Begrebet stemning er centralt, fordi meningsfuldhed viser sig med
det jeg vil kalde "stemthed". Det meningsfulde er ikke et bestemt
fænomen eller konstaterbare hændelser. Det er fænomener, som er
karakteriseret ved deres stemthed. Det meningsfulde indeholder en
høj grad af "god stemning" på den måde, at det viser sig for os i en
for-stemt form. Meningsfuldheden er der altid allerede i forvejen.
Derfor kan vi heller ikke selv skabe den gode stemning. Vi kan højest
understøtte den eller facilitere den. Det er derfor vi forventningsaf-
stemmer. Men vi kan ikke selv skabe eller konstruere den gode stem-
ning helt alene. Hverken som mennesker eller ledere. Men vi kan ret-
te os imod det meningsfulde med en positiv rettethed. Det er vores
mulighed. Det kræver dog i første omgang en bestemt bevægelse. Vi
må først og fremmest vende os imod det meningsfulde.

Så det jeg her deler, det er påmindelsen om tilværelsens forstemt-
hed, som altid allerede er delt med andre.

Men hvorfor overhovedet lave en metode, som T.U.R.N i denne
sammenhæng kommer til at fremstå som, når vi ved at en model el-
ler metode jo netop ikke kan indfatte den forstemte og delte helhed,
som den er udtryk for?

Hvordan håndterer vi dette bagvedliggende hvorfor?

Vi oplever hele tiden indenfor undervisning og vidensdeling, at
vi taler om en metode, et redskab eller en tilgang til noget, som kan
være med til at løse noget for os. Vi er meget optagede af at løse ting.
Forløse, opløse og afløse f.eks.

Vi vil gerne forhindringerne til livs.

De fleste velkendte metoder, tilgange og modeller "støder ind i" et
hvorfor. Der er oftest et bagvedliggende hvorfor. Et *hvorfor* der ret-
ter sig imod, hvorfor vi overhovedet skal anvende netop denne mo-
del eller metode fremfor en anden, fordi der bagved spøger et spørgs-
mål, der trænger sig på, nemlig spørgsmålet om hvad meningen
overhovedet er med at være optaget af det vi er optaget af.

Dette hvorfor kan være ødelæggende for megen god læring og altopslugende ved at negligere velmente tiltags egentlige relevans. Det må jo ikke ske vel?

Men vi må vel ret beset indrømme, at selv den mest geniale metodes eller models berettigelse først og fremmest besidder en nytteværdi i ovenfor anførte bestræbelse på at "løse noget". Det er denne "nytteværdi", vi ser anfægtet i disse år. Den kan ikke stå alene. For der mangler substans og vi kan ikke holde det ud længere. Vi kan ikke længere udholde at løse mere, for hermed forløses intet længere.

Der mangler noget. Der mangler svar på følgende:

Hvorfor er det netop denne metode vi skal bruge? Hvorfor giver netop den metode vi undervises i mening? For at kunne forholde os til dette, må vi først finde en måde at forholde os til det meningsfulde på. Ellers kan vi ikke vide om en metode giver mening for os.

Der kan som nævnt ikke sprogligt udtømmende gøres rede for meningsfuldhedens samlede indhold. Derfor er det i stedet ambition at henvise til en måde, hvorpå man bliver i stand til at vende sig imod den.

Det er dette T.U.R.N. handler om. Det handler om, at selv om vi ikke udtømmende kan gøre rede for selve meningsfuldheden, så kan vi opnå en form for beroligende overblik ved at forholde os til den metodisk. Det er dette overblik en model, metode eller tilgang som T.U.R.N. kan være med til at understøtte. Som sådan har metoden sin berettigelse.

T.U.R.N
Vend dig mod meningsfuldheden

T

R

Livet

U

N

T.U.R.N – metode til meningsfuldhed.

T.U.R.N. handler om muligheden for at vende sig imod Tryghed, Udlevelse, Refleksion eller Nærvær for at finde/genfinde eller skabe/genskabe meningsfuldhed i livet og meningsfuldhed i måden, hvorpå man er i livet.

T.U.R.N. er en metode om meningsfuldhed til at leve med og lede sig selv og andre, som er udviklet gennem de seneste 30 års studier og livserfaringer som leder, konsulent, rådgiver, supervisor og menneske. Mit studie i filosofi og psykologi har skærpet min interesse for emnet og tekst, teorier og filosofier har inspireret til udviklingen af metoden T. U. R. N.

Metoden er således relevant for alle, der måtte interessere sig for emnet, men har også en særlig relevans for personer, der beskæftiger sig med ledelse. Arbejdsmiljøundersøgelser dokumenterer, at "Meningsfuldhed i arbejdet" er en af de mest afgørende faktorer i forhold til forebyggelse af stress og fastholdelse af personale på arbejdspladsen. Dette er naturligvis en af de nytteværdier, som ikke kan stå alene, men ikke desto mindre, er det en væsentlig faktor ind i det at lede andre.

Det at lede andre, fordrer at man kan lede sig selv. Der findes utallige ledelsesteorier og redskaber til at være en god leder. Man bliver dog kun en afgørende leder for andre, hvis man med sit lederskab evner at skabe mening for sig selv og dermed også for andre. Skaber man ikke mening for andre med sin måde at lede på, vil man på sigt i bedste fald blot være "den der er den", som børn siger, når de leger fangeleg. Man vil kunne erstattes med et knips og man vil ikke blive husket for noget væsentligt. For nu at være ordentlig skal det naturligvis understreges, at man kan være en glimrende driftsleder eller produktionsleder uden hele tiden at henvise til "meningsfuldheden i produktionen". Der vil dog for de fleste opstå et spørgsmål om, hvad meningen med det vi bruger tiden til, det er.

Som leder vil man derfor stå stærkere, hvis man med sit væsen og sin ledelsesstil kan vise andre, hvori meningsfuldheden med arbejdet består. Sproget rækker ikke til fyldestgørende at gøre rede for det. Men vi kan vise hinanden retninger.

Metoden T.U.R.N. skal således forstås som en form for *perspektivisme*, som både kan bruges af den enkelte for sig selv, ligesom den kan bruges sammen med andre i tilstræbelsen af at opnå klarhed på, hvad der ligger til grund for, hvorfor man vælger og handler som man gør. Gennem supervision i metoden vil man ligeledes kunne blive mere bevidst om, hvad der i særlig grad er meningsfuldt for en selv.

Jeg har her valgt at reducere meningsrigdommens retninger til 4 overordnede platforme, man kan rette sig imod. Derfor 4 bogstaver T.U.R og N, som hver især repræsenterer meningsplatforme.

Jeg vil for overblikkets skyld forholde mig til de 4 platforme enkeltvis og undervejs holde dem op imod nogle universelle perspektiver (Tid, verden, væren og livet), i forhold til hvilke, det giver mening at forstå dem.

Det bliver en udfordring at undlade at forfalde til at tilfredsstille tidens tendens til at lave endnu et opslagsværk i selvudvikling. Undlade at tilfredsstille behovet for en metode eller en udviklingsguide eller en trinvis stige, man kan følge på vej mod målet om at blive mere fuldkommen selv.

Illusionen om at vise at selvindsigt skulle føre til evnen til, at man bliver en bedre udgave af sig selv, er ikke denne bogs projekt.

Projektet er snarere påmindelsen om, at meningen altid allerede er givet. Det metodiske i denne bog er til stede for læserens overbliks skyld. Der findes ingen selvudviklingens stige heri. Der mindes kun om menneskets cirklen omkring væsentlige perspektiver i tilværelsen. Det ene perspektiv har ingen forrang fremfor de andre. De betragtes som ligeværdige.

Jeg erklærer mig således uenig med Morten Albæk i, at selvindsigt fører til b, c og d og så videre.

Jeg er også uenig med Brenè Brown i at grundlæggende værdier og heraf følgende integritet og evnen til at udleve værdier i praksis, i sig selv udvikler mennesket i retning af at blive et bedre sig.

Hvad jeg imidlertid medgiver begge, det er deres skarpe blik for, hvad der blandt andet findes i tilværelsen af værdifulde perspektiver på, hvor man med mening kan rette sin opmærksomhed hen og hvad man med mening kan rette sin opmærksomhed imod.

Jeg er uenig i at langsommelighed, i sig selv er en metode til meningsfuldhed. Det handler ikke alene om tempo. Det handler om bevidsthed. Det tempofyldte, inspirerende, spændingsfyldte og sågar stressende kan sagtens være meningsfyldt, for den der netop trænger til dette.

Jeg minder således på ny blot om, at vi forbliver indfanget i vor tids higen efter målbare resultater, når vi stræber efter at give os selv og andre en konkret trinvis metode til realisering af os selv.

Vi kommer jo ikke til at finde meningen alene *i* og *ved* os selv.

Mening ér og har altid været.

Mening findes uagtet vores måde at opfatte den på. Forskellige kulturer har jo til forskellige tider opfattet mening som noget meget forskelligt. Men mennesker har altid haft behov for at finde mening i tilværelsen. Meningen ligger ikke i det enkelte individs egen udviklingsevne. Mening er altid allerede til stede forud for mennesket, sproget og fortolkningen.

Det vi imidlertid kan interessere os for, det er de mønstre og træk, igennem hvilke mening til enhver tid viser sig, er blevet formidlet, genfortalt og illustreret for mennesket. Her synes der nemlig at være noget genkendeligt. Nogle overordnede strukturer for opfattelsen af det meningsfulde i tilværelsen. Man finder hverken sin egen individuelle lykke eller meningen med sit eget liv ved at rette opmærksomheden mod disse. Ej heller bliver man den perfekte og mest fuldkomne udgave af sig selv. Det projekt vil jeg overlade til andre.

Man får imidlertid muligheden for til stadighed at blive mindet om, at man altid har muligheden for at rette sin opmærksomhed mod noget, som til enhver tid (mig bekendt) har været meningsfuldt for mennesket (som artsvæsen) at rette sig imod. Og netop det at have blik for denne mulighed mener jeg kan have uvurderlig værdi for mennesket i vor tid. En tid hvor stress og andre samtidssygdomme er voldsomt dominerende og medvirkende til mistrivsel.

(Igen må jeg minde om at øget trivsel ikke er formålet her. Men kunne bogen medvirke til øget trivsel hos bare en person, skulle det da glæde mig).

Men i en tid med oplevelser af stress og symptomsygdomme som frygt, selvskade, spiseforstyrrelse og lignende er det formålstjeneligt at tage livtag med den tilgrundliggende eksistentielle angst, som er medvirkende til disse tilstande. Jeg skriver bevidst *medvirkende til,* for jeg anerkender naturligvis at psykologiske fænomener og konkrete hændelser kan tilstøde individer, som også vil kunne betinge disse symptomer. Jeg må dog insistere på, at mennesker ikke påvirkes ens på baggrund af de samme belastninger. Det påviser ethvert studie. Det som er fælles for alle mennesker, det er imidlertid den helt basale viden om (erkendt eller uerkendt), at vi en dag ikke længere vil være i live.

En viden som altid vil manifestere sig i mennesket i form af en art eksistentiel angst.

Vi er alle bange for at dø. Den eneste der ikke er bange for at dø, er ikke den mest modige eller robuste i verden. Den eneste der ikke er bange for at dø, er den der ikke længere finder nogen mening med tilværelsen og derfor ikke har mere at miste, hvis den tilstand i virkeligheden overhovedet findes eller den der er så forpint af at være til at døden fremstår fredfyldt og lndrende. Pointen forbliver imidlertid den samme, nemlig at det der måske mangler som supplement til symptombehandlingen af de nævnte samtidssygdomme, det er oplevelsen af den meningsfuldhed tilværelsen i sig selv tilvejebringer, som modvægt til eksistentiel angst. Tilværelsens meningsfuldhed er netop den gave, som altid allerede er givet èn i form af, at man overhovedet eksisterer i tid Dette trænger vi måske til at minde os selv om. Som da min 14 årige datter ved middagsbordet en dag ud af den blå luft konstaterede, at det jo egentlig beror på en helt ubegribelig heldig tilfældighed at netop vi 5 (far, mor og 3 børn) overhovedet er tilstede i dette nu. Hun mindede om det rent biologiske mirakel ved dette forhold.

Heri findes måske den eneste reelle lindring mod angsten for at miste det man har kært, nemlig påmindelsen om den meningsfuldhed der er tilstede netop nu i dette øjeblik. Måden at tilnærme sig disse øjeblikke af meningsfuldhed har jeg samlet under bogstaverne T. U. R. N. for overblikkets skyld og for at minde om muligheden for, bevidst eller ubevidst, at rette sin opmærksomhed imod noget fremfor andet for at opnå kontakt med det meningsfulde i tilværelsen.

T.

T. i T.U.R.N står for den rigdom af mening, som vi kan rette vores opmærksomhed imod, som er indeholdt i f.eks. begreberne Tradition, Tryghed og Tillidsfuldhed.

Der ligger under begreberne en fælles værdi, som bedst kan betegnes ved den "Genkendelighed", "Struktur", "Tryghed" og "Sikkerhed", som alle mennesker til enhver tid har fundet mening i at vende sig imod.

Eksempelvis kan man vende sig imod traditionerne.

Julen og påsken er nogle af de traditionelle institutionaliserede kulturelle højborge de fleste fejrer. Der kan være mange interesser i at overbevise mennesker om hvorfor vi fejrer disse højtider. Forskellige religioner, fødevareproducenter, politikere og supermarkeder har en stor interesse i at bevare disse traditioner. Det religiøse grundlag svinder dog formentligt lidt ind og jeg gætter på at det i dag er en mindre procentdel der fejrer jul og påske, fordi deres tro tilsiger dem det, eller fordi de herigennem får genskabt et tilhørsforhold til deres gud og skaber. Lysten til at give og modtage og behovet for at være sammen med andre og genopleve det genkendelige, trygge og strukturerede vejer nok tungere i nyere tid.

Dette behov kan imidlertid dækkes på mange måder og her skiller julen og påsken sig ikke længere ud på samme måde som tidligere, hvor det var de tidspunkter, hvor folk havde fri samtidig. Der findes i dag et utal af anledninger til at forsamles og det er ganske let at føre "samlende" aktiviteter ud i livet. Nogle vil hævde, at det er svært at finde tid til at samles på alle mulige tidspunkter. Dette er dog vist efterhånden en påvist illusion. Vi ved jo godt, at vi kun har så travlt, som vi selv vil have. Det med tiden vender vi tilbage til.

Grundlaget for det der står tilbage, når vi ser på eksempler på, hvordan vi til stadighed mødes i traditionsbundne former, det er for mig at se *genkendeligheden, strukturen, trygheden og sikkerheden.*

Det er heri incitamentet til at opretholde traditionerne består. Og med god grund. I mødet med det genkendelige genoplever vi noget, som tidligere har skabt en oplevelse af meningsfuldhed for os. Her bør vi dog for god ordens skyld udfolde billedet af traditioner for at undgå misforståelser. Når det traditionelle benævnes, så skal det naturligvis forstås i bred forstand. Der findes jo rigtig mange mennesker, for hvem julen og påsken ikke vækker gode minder og derfor med god grund ikke gentages på traditionel vis. Det er med andre ord ikke selve julen eller påsken jeg taler om som meningskonstituerende traditioner i sig selv. Lad os derfor folde det mere ud.

Det er genkendeligheden i *strukturerne* og *mønstrene* i en given aktivitet eller oplevelse, som er værdifuld at vende sig imod. Dette kan ligge i måden, man traditionelt med tryghed og f. eks i stilhed møder naturen gennem dybe vejrtrækninger eller i den forventningsfulde måde, hvorpå man indtager pubben op til en fodboldkamp på storskærmen. Den næsten ritualiserede måde man påklæder sig, mens man indtager en bestemt drink inden en bytur med vennerne eller når man drikker sin morgenkaffe af den samme kop hver morgen.

Det er ekstremt trygheddskabende at gøre ting på samme måde gang på gang.

Struktur reducerer angst. Men uanset om det er angstreducerende eller ej, så vil jeg hævde, at der her er tale om et universelt fænomen af meningsfuldhed. Det giver mening for alle til enhver tid at vende sig imod noget genkendeligt, gentageligt og trygheddskabende, fordi vi herigennem genoplever et tilhørsforhold til det vi ér, nemlig mennesker eksisterende i verden i tid.

Det giver mening at blive mindet om, at vi blot er et eksemplar af en art, som eksisterer i tid, fordi det punkterer alle unødige forbigående bekymringer for en stund, når disse holdes op imod den uendelighed af gentagelser vi godt ved tilværelsen er.

Der er jo en befrielse i at vide, at vi trods alt bare er forgængelige væsner, som blot gentager mønstre over tid, som i det store og hele reelt ingen større betydning har. Der er kun en tid og et menneske, som Morten Albæk skriver. "Ja" det er fuldstændig korrekt. Det er der naturligvis. Men bevidstheden om at der var en tid før vi eksisterede og at der vil være en tid efter os, det vil altid være med til at betinge betydningen af, hvad vi bruger vores levetid på. Her er det vi får mulighed for at smile til livet og dets forgængelighed i trygheden ved blot at gentage traditioner, strukturer, mønstre og handlinger. Den heraf oplevede tillid til og tryghed ved tilværelsen i sit allerenkleste udtryk vækker genklang i mennesket i sin genkendelighed.

Det er som at komme hjem (til sig selv) i og med oplevelsen af det man altid har vidst, nemlig at vi blot findes i et kort stykke tid af en uendelighed.

Genskæret af ens egen ubetydelighed skaber ikke ligegyldighed i helhedens lys. Det fremmaner snarere et ironisk smil for den der tør erkende den. Et ironisk smil over hvor alvorligt vi tager vores valg og gerninger, når vi nu i virkeligheden alle godt ved at vores hjerte kan ophøre med at slå i dette nu. Morten Albæk henviser ofte til, hvad der vil give mening på vores sidste livsdag. Når vi til sidst i livet ligger på dødslejet og kigger bagud på, hvad vi med mening skulle have gjort mere eller mindre af. Men det er jo et lidt pudsigt perspektiv, at antage at vi på den sidste dag skulle være i stand til at vurdere meningsfuldhed bagudskuende. Jeg tillader mig derfor at hævde, at vi godt ved hvad der vækker genklang af meningsfuld-hed i mennesket allerede i dette nu, mens vi lever. Det vi udfordres af, det er vores sinds omveje og vores hukommelse i forhold til at oversætte erfaringer og viden til evnen til at at rette opmærksom-hed og leve livet. Når vi retter os imod tryghedsskabende strukturer og tillidsvækkende handlinger, så genskabes kontakten nogle gan-ge i bogstavelig forstand øjeblikkeligt, til oplevelsen af menings-fuldhed, fordi vi herved mindes om vores blotte værensgrundlag. Vi er blot væsner i tid. Traditionen, tryggheden, strukturerne, møn-strene i gentagelserne minder os herom. Bemærk således også Ki-erkegaards optagethed af begrebet "Gjentagelsen" og David Humes blik for "Vanen" som etisk rettesnor. Lad mig prøve at sætte lidt bil-leder på perspektivet.

"Kunsten at *være* ... tryg" – fortællinger og billeder.

Der sidder en lille pige i et telt i Kroatien. Hun er på besøg hos sin nye legekammerat i teltet overfor sit eget. Hun er på fly-camping med sin mor og far. Forældrene synes, af mange grunde, det er sjovt at pigerne leger sammen og besøger hinanden i hinandens telt. Den lille pige siger efter at have besøgt sin nye ven i ca. 2 minutter. "Nu vil jeg gerne hjem til mig selv".

Der går en hund med sin ejer på stien. De går den samme runde hver dag. Hunden snuser de samme steder som i går. Manden kan lige nå at ryge en enkelt smøg på runden. De er begge tilfredse med det arrangement.

Der sidder et midaldrende par på en cafe. De vælger altid denne cafe. Cafeen har den bedste brunch. De er enige. De taler om hverdagen. Kaffen er god. Det koster det, det koster. Sådan er det og det er faktisk ikke blevet ret meget dyrere igennem årene at komme der. Jo lidt selvfølgelig men det er jo fair nok, er de enige om. Hun bestiller for dem begge. Hun ved hvad de skal have og han samtykker tavst. Han betaler. Det har han altid gjort. Bagefter går de en tur. Gåturen kan godt variere lidt. Ikke meget, men lidt. Spørger man dem, om de ikke har lyst til at prøve en anden cafe eller lyst at gå en anden tur svarer de "Det har vi prøvet, det er bedst såen her". De var engang ved at gå fra hinanden, hvor de hver især fik lyst til at prøve alt muligt nyt, men så kom de i tanker om, at dèt de i virkeligheden trængte til, det var at være mere sammen med hinanden end at være mere hver for sig.

Det er trygt, det er kendt, der er struktur.

Vanen spiser som bekendt lysten til forandringer til morgenmad. Vanens magt hersker her. Utrygheden har ingen magt her.

Der sidder en indlagt pige på psykiatrisk afsnit med snitsår op ad armene. Det eneste hun ønsker sig til morgenmad er struktur og tryghed. Sygeplejersken er enig. Uden tryghed ingen udvikling. Men pigen er slet ikke optaget af udvikling. Hun vil bare gerne være tryg. Hun vil bare gerne være i stand til at komme hjem til sig selv.

Litterære og teoretiske eksempler:
Et af de steder jeg har hentet inspiration til den meningsrigdom, der ligger under metoden T. i T.U.R.N. er hos filosoffen David Hume.

Hume skriver: *Erfaringen er vor eneste vejviser, når vi ræsonnerer over kendsgerninger*

Og fortsætter:

Det er ikke muligt for os at tænke på noget, som vi ikke tidligere har følt eller sanset. Alle erfaringsbaserede slutninger er virkninger af en vane, ikke af et fornuftigt ræsonnement. Således forestiller vi os, at solen også vil stå op i morgen; men vi ved faktisk ikke, om det sker; vi har blot vænnet os til at tro, at den ene årle dag vil ligne den anden.

Humes optik er et for mig at se et fuldt ud legitimt filosofisk perspektiv, hvorfor jeg bestyrkes i at henvise til de grundlæggende værdier under T. i T. U. R. N.

Værdierne genkendelighed, struktur og tryghed stemmer så fint overens med Humes tale om vanens magt som forudsætning for vores valg og meningsfuldhedsreference.

Et andet pejlemærke fra filosofien er G.E. Moore`s Common sense filosofi.

Fra psykologiens verden finder vi begrebet "psykologisk sikkerhed", som er meget oppe i tiden.

Stig Kjerulf skriver følgende om begrebet. Psykologisk sikkerhed kan defineres som, at mennesker føler sig i stand til at være sig selv uden frygt for negative konsekvenser for selvbillede, status eller karriere. Psykologisk sikkerhed påvirker dermed vores risikovillighed i forhold til at udtrykke os selv i vores professionelle rolle. F.eks. tør medarbejdere, der oplever psykologisk sikkerhed på arbejdspladsen, at indrømme fejl og stå ved deres handlinger, fordi de ikke er bange for at blive udstillet eller dømt.

Medarbejderne er ikke bange for negative konsekvenser, og de føler ikke behov for at beskytte sig selv i deres arbejde, hvis arbejdsmiljøet og samspillet mellem leder og medarbejder bygger på sikkerhed og tillid. Igennem psykologisk sikkerhed vil mennesker også bedre kunne lære nye ting, fokusere på fælles mål og stå stærkere ved organisatoriske forandringer.

Den *Sikkerhed*, der her refereres til ligger for mig at se i tæt tråd med begreberne tryghed, genkendelighed og struktur. Medarbejderens psykologiske sikkerhed er altså et væsentligt kriterie ind i ledelse, hvilket igen understøtter min pointe om, at det er værdifuldt at vende sig selv eller andre mod det T. i T.U.R. N som rummer traditionerne, trygheden, tillidsfuldheden og den heraf følgende oplevelse af psykologisk sikkerhed.

Fra litteraturens verden finder vi eksemplet hos H. Ponthoppidan, som i novellen "Ørneflugt", beretter om den gulnæbbede unge ørn, der er vokset op i en hønsegård. Derfor kan han ikke flyve og leve som ørn; hertil elsker han kokkepigen Dortes levninger for meget. Han bliver skudt af gårdskarlen, da han, efter et flugtforsøg med en ung hunørn, fortryder flugten og vender tilbage til hønsegården.

Det tragiske hos Ponthoppidan består således ikke i at vende sig imod det trygge, sikre og genkendelige. Det tragiske består i at vende tilbage til noget, som tidligere gav mening. I forhold til T.U.R.N er ræsonnementet derfor ikke, at man skal vende tilbage til at gøre det man gjorde engang. Man skal derimod vende sig imod strukturerne og mønstrene, i det der gav mening, så det kan komme til at give mening på ny i en given kontekst. Kokkepigens levninger rummer således elementer af meningsfuldhed, i form af den stemning de fører med sig. Disse kan genfindes og skabe genklang. Hvis man blot vender tilbage, til det der var engang, så vil man falde til jorden. Dette er en af udfordringerne ved forståelsen af betydningen af T. i T.U.R.N.

Slogans der afspejler perspektivet T.:

Tivoli Friheden: "Gamle traditioner – Nye Vaner"

TRYG forsikring: "Det handler om at være tryg"

Men der er en slagside ved dette trygge, traditionelle perspektiv på livet. I hvert fald hvis man ophøjer perspektivet til livsform. Dvs. hvis man alene lever efter det som en ledetråd til hvordan man vil være i livet. Der mangler udvikling. Perspektivet inviterer i for høj grad til stilstand og blind overtagelse af tidligere tiders erfaringer, vaner og traditioner.

Konformitetens kvalme ligger på lur.

Perspektivet er ufuldstændigt. Der mangler noget. Dette bringer os videre til teoriens næste element, nemlig U. i T.U.R.N

U.

U. i T.U.R.N. står for den rigdom af mening, der ligger i de handlinger vi udfører, som handler om Udlevelse, Udfoldelse og Udformning. Det er her lysten og behovene skinner igennem. Lysten til at leve sig selv ud. Viljen til at skabe sig selv. Trangen til at stræbe imod behovet for at aktualisere sig selv. Den underliggende værdi eller det forudsættende mål, om man vil, som betinger og konstituerer meningen med at folde sig selv ud, skabe sig selv, forme sig og udleve længsler, behov og lyst, den værdi er således *selvaktualisering*.

Behovet for at udforme sig selv i billedet af egen ens egen perfektion, er et til stadighed kendt fænomen, som i udpræget grad kan genfindes i vor tid. Denne form for værdifuldhed fremtræder ofte i et lidt karikeret skær af selvoptagethed og forfængelighed. Men der ligger en rigdom af meningsfuldhed til grund herfor, som det giver mening at vende sig imod. Man undrer sig ofte over det ungdommelige overmod, der får mennesker til at springe ud fra højder i elastik, klatre på vægge af is, springe ud i faldskærm, bestige bjerge eller på andre måder søge ud mod "kanten af livet".

Tryghed har her ingen ret.

Vi får her nærmest kvalme over trygheden og genkendeligheden i vores udlængsel efter den mulighed, som her ligger og skinner som en diamant. Handlinger som vender sig imod den meningsrigdom, der skinner igennem teoriens U. har derfor som de andre 3 zoner en slagside.

En slagside af trods.

Den handling som udføres i eller på trods, vil med tiden fortage sig i ligegyldighed. Strømmen af handlinger hen imod mulighedernes land vil med tiden fremstå og opleves som illusoriske for selv den mest trænede adrenalin-junkie, hvis handlingen udføres i trods imod konformitet.

Her vil der kun være tale om en form for flugt funderet i angsten for det bestående og bestandige i en kultur, som man væmmes ved. Man er her stadig ufri og defineret ved det man flygter fra, hvorimod man i sin stræben hen imod aktualisering af eget potentiale oplever eller genoplever den universelle grundlæggende trang til at ville overleve og skabe sig selv i sin absolutte og mest aktualiserede form.

Vi bevæger os her på en knivsæg imellem at være selvoptagede i forfængelig forstand og være optagede af at skabe og bevare os selv i den bedste "udgave", vi kan findes i. Derfor er det således også mere tragisk, når et menneske går til grunde i forsøget på at aktualisere sig selv i blinde, end når det sker i forsøget på at blive sig selv.

Denne form for meningsfuldhed er nok den mest udbredte af de 4 former i vores tid og kultur i den vestlige verden. Det vestlige menneske er og har i de seneste 40 år været mest optaget af denne form for mening. Vi dyrker os selv i en grad, som helt og aldeles overskygger de 3 andre former for mening. Kultur betyder at dyrke noget. Mennesket i den vestlige verden er et langt stykke hen ad vejen blevet sin egen kultur.

Derfor fremspirer der nu også en modbevægelse, som handler om værdien af fællesskab, som modvægt til denne næsten ritualiserede form for selvdyrkelse.

Man skal dog holde sig for øje, at der absolut intet er at foragte ved at dyrke sig selv, når det vel at mærke sker af de til menneskelivet mest grundlæggende hørende grunde.

Det at skabe sig selv og udfolde sig selv, det er i sin oprindeligste form et behov for at ville sig selv, ville livet og ville være sig selv. Denne "villen" rummer et hav af meningsfuldheder, som ethvert menneske til enhver tid, kan finde mening i at vende sig imod.

Det er en meningsfuldhedens mulighed på samme niveau som genkendeligheden og tryghedens mulighed. Meningsfuldhedens traditionelle og tryghedsfunderede værdier er således mere kulturelt og historisk indlejret i mennesket, mens de viljesbårne selvaktualiserende værdier er mere genealogisk indlejrede.

Ingen meningsform er de andre overlegen. De supplerer blot hinanden. Der findes ikke èn overordnet værdi, som alt andet henfører til. Der findes ikke èn bagvedliggende grund, som er meningskonstituerende for alt andet.

Der fremtræder derimod skær af mening utallige steder fra. Det er disse menings-hjemsteder, man kan vende sig imod, så man kan håndtere dem, hvis man har brug for det eller har et ønske om at undersøge dem.

"Kunsten at *være* ... udlevende" – en eksemplificerende fortælling om den udlevendes ængstelighed.

"Skælven"

"Jeg vil altid forblive angst", tænkte hun stille for sig selv. Hun sagde det ikke højt for der er ord, som verden ikke kan rumme. Der var i hvert fald mennesker i hendes liv, der ikke ville kunne rumme det. Det var 19 år siden nu, at hun for første gang mærkede angsten komme snigende sig ind på livet af hende. Hun vidste præcis hvor og hvornår første gang var. Eller det troede hun, hun vidste, for det gør man egentligt sjældent, når det kommer til stykket. Man tror man kan huske det, men hun havde en gang prøvet at spørge sine to søstre, om de kunne huske den aften. Det kunne de begge, men ingen af de 3 piger huskede noget nær det samme. Storesøsteren huskede hun havde passet på de 2 andre, mens lillesøsteren huskede, at det havde været hendes skyld, at de overhovedet var endt, hvor de gjorde.

Jeg er 36 år nu, sagde hun for sig selv. Jeg hedder Gry og jeg er i livet lige nu. Hun smilede lidt ironisk for sig selv over formiddagsritualet, men tilføjede alligevel ritualets 4. komponent og gentog indvendigt, "og jeg vil altid forblive angst".

I kantinen var der mange unge mennesker omkring hende. De var optaget af deres studier, indimellem. De fleste var nu vist mere optagede af sig selv eller af at finde sig en kæreste her i pauserne. En uudtalt "datingzone". De spiser og snakker og griner, men er sjældent uopmærksomme på, hvordan de opfattes af "de andre". Nærmest aldrig. *Socialitetens manifest* og en understregning af flokdyrets genealogi var det. Ingen vil være alene, for vores gener har gennem årtusinder lært os, at "den udstødte", "han som går på isen", "den landsforviste" .... Han dør kold og alene.

Det er så dybt indlejret i os, at vi finder en indre tilfredshed ved at få det gentaget af Chris Mcdonald og Henrik Høeg Olesen som begge har studeret de store abers socialitet. Men de ved det godt de to herrer. Vi er principielt alene. Alene med smerten, alene med angsten. Her hjælper intet nok så forblændende nærvær og fælleskab. I princippet er vi alene.

Dette er den grundlæggende forskel på den store abe og mennesket. "Its a curse and a blessing". Det er en viden, vi ikke kan holde til at være foruden, uden på sigt, at gå til i apati, hvor tillokkende det end måtte være.

Gry havde bemærket det på vejen herud i bilen.

Lokalpolitikerne der førte kommunal valgkamp, var nemlig delvist opmærksomme på det eller også havde de fået hjælp af en eller anden lokal spindoktor, som havde forstået lidt af det. Man så det på de til stadighed ubegribeligt ophængte valgplakater i 2.30 meters højde.

Hvor længe mon man bliver ved med at hænge dem op?

Man kunne se det på de "Slogans", der fremgik af plakaterne.

"Tryghed og omsorg" stod der på nogle med rødt. Det var da ligesom et perspektiv, man kunne finde ro i. Det er lidt svært at være uenig i.

Eller "Stabillitet og udvikling", som der stod med grønt på en venstrepolitikers plakat. Der var vist til gengæld en, der havde fået lidt for meget hjælp.

Eller "Tid til nærvær" som prydede en 3. plakat, skrevet med blåt. Man så sjældent nogen plakater, hvor teksten var skrevet med gult.

Kantinen summede.

Gry så op. "Undervisningen starter nu", sagde hendes bekendte fra studiet. Gry var langt om længe blevet færdig som pædagogstuderende, da hun var 29. Hun havde været syg så mange gange. Indlagt utallige gange.

Hun fik hurtigt et job da hun var færdig på studiet dengang. Integreret institution. Hun havde sygedage, men ikke flere end alle mulige andre. Lederne var vist dem, der havde flest "fraværsdage", når det kom til stykket.

Et fint job med flere afdelinger og skønne fester på tværs af afdelingerne. Et kæmpe fællesskab, hvor man dansede og sang rigtig meget.

Fællesskabet dulmer og nærværet tilsidesætter kortvarigt angsten, men man er altid klar over det. Derfor tog Nietzsche også grueligt fejl. Gud er på ingen måde død. Den gamle Zarathustra, der kom ned fra bjerget, vidste at de tog fejl. Folkene i byen var blot forfaldet til den mest tillokkende løgn af dem alle. Troen på at de selv var herrer i eget liv. Troen på at mennesket magtede livet. Tankerne stak af for Gry igen. Det skete for hende hele tiden. Måske var det al den medicin hun havde taget gennem tiderne. Nu indtog hun ikke medicin mere.

Hun kom lidt for sent til undervisningen, men det gjorde alle jo på disse efter/videreuddannelser. Det var hyggeligt med disse skoledage. Lidt pædagogisk psykologi kan vel ikke skade? Og nej det kunne det ikke.

Gry havde haft flere forhold. Både til mænd og kvinder. Intet havde holdt så længe ad gangen. Men det er nu også endnu en af menneskets sjoveste påfund, at man skal finde sin "Soulmate", som man skal blive sammen med.

Vi elsker at se de der dyreprogrammer, hvor dyr lever i par hele livet. Denne bekræftelse af et tilhørsforhold. Ligesom pingvinmoderen der kan finde sin unge blandt flere tusinde pingviner alene på baggrund af ungens piben. Tænk hvis det er ungen, der finder moderen og ikke omvendt. En uudholdelig tanke.

Men det er da lidt paradoksalt, at vi tror på, at vi skal være sammen med en bestemt hele livet, når vi samtidig sværger til "Socialitetens Genealogi". Pyt.

Gry havde haft sine kærester. Nogle var gået, andre var blevet gået og nogle gange var begge parter bare holdt op med at kontakte hinanden. Indlæggelserne havde nok også haft betydning.

Første gang på psykiatrisk afdeling, var hun blevet sendt hjem igen. Hun var ikke indenfor målgruppen, der havde behov for indlæggelse. Hendes søstre havde været rasende, men her mange år og mange indlæggelser senere gav det faktisk mening. Der skulle mere til at blive indlagt. Hun havde jo ikke været til direkte fare for sig selv eller andre den dag. Storesøsteren havde taget hende med hjem til sig selv og hun havde lagt sig under tæppet i stuen og forsøgt at sove, ligesom hun havde gjort de foregående 3 uger. Det kunne hun naturligvis ikke, så hun havde taget en af de piller, de havde givet hende derude. Herefter faldt hun i søvn. Ikke en dyb søvn og ikke en søvn hun ikke vågnede op fra igen, men hendes omgivelser fik da i det mindste et andet skær og en pause fra hende så længe.

Årene gik og doserne steg. Søsteren havde måttet bede hende om at tage hjem til sig selv ind imellem. Deres familie var ved at gå i stykker af det. Gry flyttede meget rundt i disse år mellem de to søstre, sit eget hjem og psykiatrisk hospital.

Der havde været læger undervejs, som virkelig havde investeret i at forstå og diagnostisere Gry. Der havde været sygeplejersker af begge køn med et ubeskriveligt omsorgsgen, der havde været der for hende. En af dem blev hun faktisk kærester med i en periode. Så boede Gry hos ham, når hun ikke var indlagt.

Hun havde talt med psykologer, psykiatere, oversygeplejersker, læger, farmaceuter, psykoterapeuter, fysioterapeuter og videnskabsfolk. Hun opnåede undervejs at få prædikaterne, OCD, spiseforstyrrelse, selvskadende adfærd, neurotisk-skizofren og borderline på diagnose-CVét.

En nat, da hun var 30 år gammel, skete der noget anderledes. Hun var taget alene ud i lillesøsterens sommerhus. Hun havde haft det godt igennem 4 måneder og hun havde jo sin medicin med. Hun havde sin lille bil, som hun elskede at køre i. Alligevel havde hun på falderebet spurgt sin lillesøster Anja, om hun ville køre hende derud. Det var egentlig det samme som at invitere hende med, for man kunne ikke være i sommerhuset uden en bil. Gry havde studset lidt over det, da Anja havde svaret "Nej tak, det gider jeg faktisk ikke. Jeg tager kun selv ud i det hus alene. Det er ikke beregnet til mere end en person ad gangen".

Gry kørte selv derud. Købte ind på vejen. Vin, ost, brød og lidt pølse. Så længe skulle hun jo heller ikke være der. Det var en smuk dag. Hun sad trygt i haven omme på skovsiden, hvor solens stråler kun glimtede igennem trækronernes sprækker. Tankerne var fine, men som tiden gik blev de mere krampagtigt fastholdende sig omkring, at hun jo "rent faktisk" var ok.

"Nå", hun måtte nok hellere få sig lidt at spise og så gå en aftentur ned til vandet og så i seng.

Hun kunne ikke rigtig spise noget.

"Nå", men så kunne hun jo gå først og så spise bagefter. Hun gik lidt og ville vende om, allerede inden hun nåede vandet. Kroppen ville i alle retninger, men mest af alt ville den bare lægge sig ned lige her og krumme sig sammen. Hun vidste, hvad hun skulle gøre. Hun skulle sætte tempoet op, lægge hjernen på hylden, gå langt i rask tempo og sørge for at blive træt, så hun kunne sove. Hun begyndte at gå hurtigere ad 10 km ruten, som hun kendte så godt. Det kunne hun godt nå, inden det blev mørkt og ellers var det også ligegyldigt.

Mørket havde aldrig skræmt hende.

Efter kort tid greb Gry helt ubevidst ud efter sin telefon i jakkelommen. Helt usandsynligt. Havde hun tabt telefonen eller simpelthen glemt den i huset. Det skete jo aldrig. Hun lukkede den tynde sommerjakke tættere sammen om sig selv. Det blæste mere nu. Intet forvarsel og ingen tegn i de vejrmeldinger hun havde set. Det skulle have været en stille lun sommeraften. Hun satte tempoet op. En bevægelse hun var fortrolig med. Det hjalp med det samme. På under en time havde hun gået de 10 km og var snart tilbage ved huset. Hun ville straks spise noget mad, men først ville hun lige ringe til storesøsteren og høre hvordan hun havde det.

Hun måtte have tabt telefonen, for den var der ikke. Det var blevet mørkt nu og hun var ikke vild med at køre i mørke, så hun tog sig et langt varmt bad og så skulle der spises. Det var blæst mere op og gamle trætte grene knækkede i stormen derude, kunne hun høre. Frem med maden og vinen. Toilettasken lå i kufferten, hvis hun ikke kunne sove. Stadig ingen appetit, men første glas vin smagte godt. Det andet glas kunne hun ikke rigtig komme igennem.

"Nå", men så var det også fint at tage en sovepille og gå lidt tidligt i seng. Så kunne hun jo også stå tidligt op og spise morgenmad og gå en lang tur i morgen tidlig.

Gry tog 2 sovepiller og drak i en slurk resten af vinen i glasset. Det havde hun gjort så tit og det skete der normalt ikke det store ved.

Et brag vækkede Gry med et sæt fra en dyb søvn. En stor gren var knækket derude og var nok faldet ned på husets tag. Gry satte sig op i sengen. Hun kunne ikke rejse sig. Hendes krop var nærmest lammet, men hun kunne under ingen omstændigheder blive i sengen. Denne boble af følelsesløshed og tomhed var uudholdelig at blive i.

Indkapslet i smertestillende, som man siger.

Her kunne hun ikke være. Måtte have luft. Gry tog en bluse og bukser og sko på og så gik hun ud. Hun lukkede ikke døren bag sig. Hun gik mekanisk ned mod vandet. Der lå noget og lyste op i græsset. Måske hendes telefon. Hun vidste det ikke. Men hun gik videre. Stormen larmede voldsomt herude i det fri. Bølger brusede lige dernede på stranden. Gry stoppede op og så ud over havet. Hun kunne huske dengang hun var lille ved Vesterhavet, hvor hendes far havde vist hende, at vinden kunne bære én, hvis man slog armene ud og lænede sig op imod den iført en stor frakke. Måske kunne hun stadig. Uden at vide hvorfor tog Gry bluse, sko og bukser af.

Skælven.

Kulden udefra gjorde godt. Hun strakte armene ud fra kroppen. Stormen var så voldsom at hun, når hun stod på tæer, nærmest blev ført rundt i små cirkler. Det må have lignet en lille ballerinas dans for en person, hvis man havde set det udefra.

Sådan førtes hun rundt i stormen og tog en lille svingom med livet.

Hengivet til naturen og det vilkårlige. Hensat til sin egen ubeslutsomhed. Henkastet i livets absolutte frihed. Udlevende sig selv i forhold til verden.

Hun cirklede rundt og rundt. Hvor længe ved ingen, men et lys brød mørket. Solens første stråler tittede frem. Gry satte sig udmattet ned. Tog tøj på. Så solen få magt og lod væren skinne igennem.

Her var det ordene for første gang kom til hende.

"Jeg er 30 år gammel nu. Jeg hedder Gry og jeg er i livet lige nu... og jeg vil altid forblive angst".

Litterære og teoretiske eksempler:
Eksempler og kilder til det der ligger under metodens U. i T.U.R.N, findes f. eks hos filosoffer som Jeremy Bentham, der med sit "størst lykke princip" påpeger den værdifuldhed, der ligger i at udleve den udlængsel, et menneske måtte have til at opnå tilfredsstillelse i livet.

Den meningsrigdom, der ligger i at skabe og genskabe en oplevelse af, at udfordre sig selv på at gennemføre det man har lyst til eller opfylde det selvsamme behov hos andre, den genfindes tillige italesat iblandt de hedonistiske tænkere.

Litterært finder man en reminiscens af den samme trang til udlevelse i et traditionelt værk som Kafkas "Processen" og i en æstetisk form i en nutidig roman som "Fifty Shades of Grey". Utallige andre eksempler kunne nævnes, fra næsten enhver ungdomsroman eller selvudviklingsnovelle, men lad os for nemheds skyld blot fastholde at temaet er trangen til at leve sig selv ud og udforske grænserne for ens identitet og eksistens.

Psykologisk finder vi i Maslows behovspyramide et konkret eksempel på selvsamme udlevelse i form af begrebet "Selvrealisering". Menneskets behov for at realisere sig selv i form af selvudvikling udgør hos Maslow et konkret behov, som understøtter elementerne i min metodes U. Ved at kaste lys på denne mulighed i T.U.R.N. henvises der således til et behov, som er alment anerkendt psykologisk.

Slogans der afspejler perspektivet U:
Pepsi – The choice of a new generation
Coca-Cola – Open Happiness.
Nike – Just Do It.
PFA: "Brug livet"
Realkredit Danmark: "Fjern tvivlen"

Men der er en slagside ved dette udlevende, selvudviklende perspektiv på livet. I hvert fald hvis man ophøjer perspektivet til livsform. Dvs. hvis man alene lever efter det som en ledetråd til, hvordan man vil være i livet. Der mangler refleksion. Perspektivet inviterer i for høj grad til underholdningens og selvrealiseringens uendelighed.

Overfladiskhedens ligegyldighed ligger på lur.

Perspektivet er ufuldstændigt. Der mangler noget. Dette bringer os videre til teoriens næste element, nemlig R. i T.U.R.N.

R.

R. i T.U.R.N. står for Refleksion, Rekreation og Restitution. Den underliggende fælles værdi for disse fænomener er "Frihed" i betydningen "Selvets reflekterede frihed". Dvs. den form for frihed, som består i den positive frihed til selv at vælge for sig selv i egentlig forstand.

Man kan altså med mening vende sig imod refleksivitet, rekreation og restitution, i forsøget på at finde eller genfinde meningsfuldheden i tilværelsen, arbejdet og i ledelsen.

Jeg minder her igen om, at man også kan vende sig imod meningsfuldheden for blot at nyde dens tilstedeværelse. Man behøver ikke mangle noget for at vende sig herimod. Det er måske netop nok så vigtigt at vende sig imod "meningens hjemsteder" blot for at blive fyldt op af den meningsfuldhed, der til enhver tid strømmer igennem selve det at være til. Det er simpelthen sundt for mennesket at gøre det og det er godt at gøre noget der er sundt for en.

Da jeg for år tilbage arbejdede meget med unge mennesker, som havde brug for lidt ekstra vejledning i livet, arbejdede vi således ofte ud fra kriteriet, "hvad er sundt for dig"?

Vi arbejdede ikke efter, hvad der var synd for den enkelte eller hvad der var rigtigt eller forkert for den enkelte, for det gav ikke rigtig mening for de unge eller os voksne. Vi fandt imidlertid ind imellem en oplevelse af noget fælles at tale ud fra, når vi tog afsæt i, hvad der var sundt for den anden. Det var naturligvis stadig omkranset af en form for vurdering af, hvad der er rigtigt og forkert at gøre. Dette er jo indlejret i at gøre, det der er sundt, men ved at tale om "det sunde" frem for "det rigtige" eller "det sande", så blev kriteriet ligesom iklædt den omsorg for den anden, som gav snakken meningsfuldhed og relevans.

Ved at vende os imod refleksiviteten, så vender vi os, imod det som skaber forståelse.

Behovet for at forstå det der sker omkring os og i os er universelt. Det er og har været til stede til enhver tid. Vi mennesker er mig bekendt den eneste art, der har dette behov.

Forståelse skaber sammenhæng og sammenhæng skaber mening.

Ved at reflektere i form af at gennemtænke, meditere, kommunikere, supervisere eller andre former for refleksion, så finder eller genfinder vi noget, som giver mening. Nogle vil opleve selve den reflekterende aktivitet som meningsfuld i sig selv, mens andre blot vil vende sig, imod det der kommer ud af at reflektere. Begge dele har værdi og anses for at være grundlæggende meningsfulde og meningsskabende hjemsteder for mening. Både aktiviteten og den viden eller erfaring der følger med aktiviteten.

Dette fører os videre til et andet aspekt af R. i T.U.R.N. nemlig det rekreative. Herom skal jeg blot fastslå værdien af at genskabe eller genfinde sig selv på ny. Mennesket gennemfører hele livet små re-kreationer af sig selv. Man genskaber ikke sig selv, som det man var engang, men man genskaber hele tiden sig selv på ny, i lyset af den viden og de erfaringer man NU har med sig. Det fordrer forståelse og viden, hvis man rekreativt skal genskabe sig selv med mening.

Uden der tilstøder en sag ved retten noget nyt, kan sagen som bekendt heller ikke gå om.

Noget nyt eller noget andet kommer til sig selv og man genfinder måske bare noget man havde glemt.

Vi glemmer grundlæggende, hvem vi er og hvorfor vi er, som vi er. Meningsfuldhed er ikke en "konstant". Vi må derfor til stadighed genskabe meningen med os selv, som værende til, i tid.

Denne livslange opgave eller udfordring om man vil, fordrer noget simpelt og ofte overset. Nemlig evnen til at restituere. Især i en tid hvor der eftersættes oplevelser i en strøm og et tempo, som verden hidtil aldrig har kendt. Vi skal både realisere os selv, se hele verden, springe ud fra højder, udvikle os selv og videreuddanne os selv i en uendelighed. Om dette i sig selv er anbefalelsesværdigt, det er jeg stærkt i tvivl om, men det kræver i hvert fald, at vi giver os selv de pauser, vi har brug for. Ej blot for at kunne kaste os ud i yderligere eventyr, men også fordi genopladningsakten, i sig selv, giver mening.

Værdien der afledes heraf, den er naturligvis også vigtig, men det er faktisk grundlæggende livsbekræftende alene at minde sig selv om, at det er muligt at holde fri, sove, restituere, genoplade og give hjernen en pause. Jeg taler her ikke om at fylde hjernen op med noget andet og flytte fokus. Jeg taler om at lade væren eller selve tilstedeværelsen af livet i sin simpleste form komme til stede i form af blot at trække vejret og være til. Der skal her ikke findes noget "outcom" som resultatet af restitutionen.

Pausen èr målet.

Sindet skal ikke opfyldes af noget andet. Hverken noget konkret eller abstrakt som optager sindet. Ingen nytteværdi eller nye indsigter her, for så holder vi ikke fri. Så er vi stadig ved at stræbe efter ny viden og lærdom eller klarsyn eller hvad man vil kalde det. Jeg minder blot om det helt simple faktum, at det giver mening og det er nødvendigt at restituere.

Den fælles værdi, som ligger under begreberne refleksion, rekreation og restitution er som nævnt *Frihed*. *Frihed til...*

Frihed til selv at vælge og træffe egne bevidste valg i egentlig forstand. Behovet for at træffe egne frie valg er et universelt fænomen. Alle mennesker har til enhver tid haft dette behov og det er nok ikke uden grund at retten til frihed er en af de mest grundlovssikrede rettigheder, mennesker har på tværs af nationer, kulturer og grænser. Jeg taler ikke om den grundlovssikrede frihedsret i betydningen af frihed fra tvang. Denne har mennesket forvaltet meget forskelligt igennem historien. Jeg taler om den enkeltes ret til selv at træffe egne valg uden nødvendigvis at være i en position, hvor valgene kan realiseres eller praktiseres.

Denne ret eller dette behov ligger som et underliggende fænomen, der til enhver tid skinner igennem i vores tilværelse. Derfor er det også et godt sted at rette sin opmærksomhed imod.

Vend dig mod friheden. Vend dig mod det der giver en oplevelse af frihed i egentlig forstand. I den forstand at du føler dig oprigtigt fri, som væsen.

Når vi vender os imod det reflekterende, hvor vi opnår forståelse, erkendelse og sammenhæng, så vender vi os imod friheden og dermed imod meningsfuldheden. Når vi retter vores opmærksomhed imod det rekreative, det genskabende og det genfindende, så retter vi os imod noget, som har skabt en oplevelse af frihed og som kan gøre det på ny om end i en ny form.

Friheden er med til at konstituere, meningen vi retter os imod.

Når vi vælger at restituere, genopbygger vi os selv. (Muligvis rekonstruerer vi herved også os selv. Den diskussion må tages andetsteds). Men ved at trække os tilbage og stoppe op og genoplade os selv, så vender vi os imod den frihedens mulighed, der ligger i at vi kan inkorporere frie erfaringer og sætte dem ind i en aktuel og nuværende måde at være til på. Det giver sjældent mening at genskabe en meningsfuldhed i samme form eller udtryksform, som den engang havde. Barndommens gade forekommer som bekendt lille og miniatureagtig for den voksne, der vender tilbage til den for at genfinde barndommens oplevelse af meningsrigdom. Men der findes elementer i tidligere erfaringers oplevelse af frihed, som kan indlejres i ens liv på ny og i en anden form.

I en ny sammenhængende form. En form, som så igen forgår, men elementerne og fænomenerne vil kunne skinne igennem igen senere. Dette er også et aspekt af frihed. Friheden til at genfinde noget væsentligt, man havde glemt. Vi kender det fra forårssolens første varmende stråler. De vækker minder om noget, vi ind imellem ikke er i stand til at huske. Oplevelsen af mødet med den anden, hvor samhørighed pludselig opstår igen. Det er frihed i absolut forstand. Frihed til at tage imod væren i sin simpleste form.

Vender du dig imod friheden, så giver du meningsfuldheden mulighed for at træde frem og skinne igennem din tilværelse. Jeg ved godt det lyder lidt religiøst og selvhøjtideligt. Det er det ikke. Det er måske det simpleste af alt, når det kommer til stykket. Man skal bare vende sig!

”Kunsten at *være* ... reflekterende” – en eksemplificerende fortælling om den reflekterendes refleksioner.

”Cafe Questo”

Der sidder en mand i et hjørne af Cafe Questo. Han sidder som den eneste i cafeen på en kontorstol, der kan dreje om sin egen akse. Bag sig på væggen har han fotografier af alt fra historiske personligheder til politiske skikkelser og kulturelle foregangsmænd og mønsterbrydere.

Han syner i udgangspunktet ældre end han er. Slidt af tidens tand og livets erfaringer. Han ligner en, der er sidst i 60erne, men han er blot 59 år gammel. Han har måttet stoppe op i livet. Holde op med at arbejde og nøjes med at hengive sig til dagsformen.

Han drikker ikke mere. Vågnede op en morgen og så sig selv i spejlet og konstaterede at tiden var inde. Han får kaffe og den er god her på Questo. Ikke gratis, men god. Og skoldhed når den serveres. Ejeren har tilbudt ham et klippekort og en rabatordning på kaffe, da han jo sidder her næsten hver dag.

"Det må blive et nej tak herfra", har han svaret på tilbuddet flere gange og ejeren er derfor holdt op med at spørge. Han betaler månedsvis forud. 2250,- hver den første i måneden ligger han i kontanter. Hvis han ikke når at bruge dem, tilgår resten cafeen. Den første lægger han 2250,- på ny uanset hvad. Sådan har det været i en årrække.

Han er her ikke hver dag. Han har en aftale med en af "pigerne", som han kalder dem, selvom de er over 40 år gamle, om at hun godt må ringe til ham, hvis han ikke har været forbi i en uge og derover. Bare for lige at høre. Det er sket et par gange.

Kontorstolen har han selv medbragt. Eller det vil sige, at han selv har hentet den ind fra gaden. En butiksejer overfor havde stillet den ud på gaden en dag. Han spurgte først, og "ja", han måtte gerne tage den. Han spurgte ikke på Questo. Han satte den blot i hjørnet og skubbede den normale caféstol væk.

Indimellem kommer der gæster hen og spørger, om de må sidde ved hans bord sammen med ham. Han nikker, men flytter ikke på sin notesblok og sin kaffe. Der er den plads der er på det lille runde cafébord. Man ser ham sjældent give sig ud i længere samtaler, men nogle gange ser man ham med hovedet på skrå med sammenknebne øjne, lyttende til en der har noget på hjerte. Med blyanten kan han godt finde på at skrive et bogstav eller en note ned på blokken, mens han lytter. Han forlader altid cafeen ved 16. tiden, hvor der skrues lidt op for musikken for at lokke flere gæster til.

De har en god briemad på Questo. Denne afregnes altid separat, når den indtages. De 2250,- er til kaffe. Han mangler ikke penge. Han ser bare sådan ud.

Når de der sætter sig ved hans bord og nogle gange spørger for meget, så svarer han med sit standardsvar.

"Det må blive et nej tak herfra". Hvis de spørger videre, om hvad det er et "nej tak" til, kommer den lidt korte men dog tydeligt affærdigende tilføjelse, "bare nej".

Men han gør aldrig nogen fortræd. Bliver folk siddende tavst ved bordet accepteres dette fuldt ud. Alle skal jo have en chance ikke? Det har livet også givet ham selv. Er der en sjælden gang en anden gæst, der provokeres af det, der kan fremstå som arrogance, rejser han sig stille og beder en af pigerne om lige at reservere bordet til i morgen formiddag. Herefter tager han sin blok og går. En enkelt gang var der en, der var blevet for beruset, som rejste sig op og ville følge efter ham ud af døren. Han stoppede bestemt op og satte sig op i baren og en af pigerne ringede uden varsel efter politiet. De kom og tog en snak med den anden gæst. Det var kun sket en gang. Det var en tyk lavstammet mand på omkring 30 år. Politiet var fåmælte men tydelige. Han blev fulgt ud, da han begyndte at puste sig (yderligere) op. Han forsøgte flere gange at vende om og gå nye veje for at vende tilbage til caféen. Han blev hver gang tydeligt men tålmodigt afvist af de 2 betjente. Ingen vidste hvorfor betjentene brugte så meget tid på det, men det rygtedes i gaden og der var ingen der siden havde taget hans måde at være tilstede på ilde op.

Der var 4 bogstaver, der gik igen i hans noter. T. U. R. og N.

Af hans noter fremgik perspektiver, pointer og eksempler på positionering. Over årene havde han benyttet sig af farver, men det var ikke nødvendigt længere. Nu skrev han udelukkende med en sirligt spidset blyant.

Det var faktisk en hel kunstart at spidse den blyant. Man kunne se at han nød når den var helt perfekt. Ikke sylespids, for så kunne der gå hul på papiret. Men for guds skyld heller ikke rund og svag i udtrykket. Det gik slet ikke. Men afmålt spids som når han havde skrevet de første 3 – 4 strofer med den på sin lille blok.

Der sad han en dag ligesom lidt inde i et hjørne med vinduet på venstre hånd, så de forbipasserende sjældent lagde mærke til ham. Han kunne til gengæld tydeligt se dem.

Hvad han igennem årene havde været vidne til af personligheder derude foran vinduet, det kunne blive til en tegneserie i sig selv. En tegneserie om de, sig selv udlevende karikaturer derude. Mange ville være gengangere mens andre kun ville optræde i en "stribe". Fælles for dem ville være deres, oftest udtalte, optagethed af sig selv. Æstetiske skikkelser både i udtryk og sind. Han havde enkelte gange forsøgt, at lave illustrationer over det han så, men han var ingen stor kunstner og tegningerne blev for dårlige og intetsigende. Sproget var hans medium.

Til højre for ham stod der på hjørnet af disken et lille kors, en lille Buddhafigur og en yen/yang illustration. Et lille alter nærmest der, for sig selv, på disken. Han vendte sig undertiden imod det og sad en stille stund og så undersøgende på de små symboler og arketyper. Denne stund *kunne* være en god pause fra verden, men det var også stedet, hvor nye spørgsmål opstod og hvor svarene var få. Havde man sin indre ro med sig, så gik det bedst med at holde til at være her, uden at blive påvirket af det der skete udenfor vinduet.

Denne dag, hvor han ikke havde nogen ro med sig, blev han da også let afledt, af det der skete i og udenfor cafeen.

Denne dag var det en dansende kvinde udenfor cafeen, der igen fangede hans opmærksomhed. Hun var begyndt at komme næsten hver dag derude på det lille torv. Nogle dage dansede hun. Andre dage sad hun blot på de opvarmede brosten på pladsen og sugede solstråler til sig. Hvis det var koldt, kunne hun godt finde på at gå rundt i små cirkler og 8-taller derude, mens hun reciterede små sætninger for sig selv. På disse kolde dage var mønstrene sædvanligvis meget rutineprægede og ritualiserede. Udefra kunne mønstrene fremstå som rastløshed, men så man godt efter, så fik man øje på de små udsving i tempo og intensitet, som gjorde det klart, at der var tale om helt rytmiske mønstre, som i sin helhed var båret af en indre sammenhæng.

På varme dage trivedes hun tydeligvis med at følge solen rundt på pladsen fra morgen til aften, så hun hele tiden var i solens varme.

Her sad hun ofte i skrædderstilling på det varme underlag. Altid iført løs kjole, hvis vejret tillod det, med en form for strik hen over skuldrene. En sådan dag var det i dag. Men i dag dansede hun. Mange stoppede op et kort øjeblik og betragtede hendes bløde bevægelser derude, som oftest var med armene vandret ud fra kroppen.

Musikken hørte man ikke. Mange troede blot at den var indeni i hendes hoved, men små airpods fortalte den opmærksomme tilskuer noget andet. Nogle klappede og anerkendte dansen, men det kastede aldrig andet end et stille afmålt smil af sig.

I dag blev han i særlig grad optaget af pigen. Måske var det de små vuggende bevægelser i hoften, som han ikke huskede at have set før. Måske var det et glimt i pigens øjne. Han kunne ikke identificere det, men optaget af det, det blev han. Små dråber af sved løb ned ad siden af hendes hoved derude til trods for de langsomme bevægelser. Strikbeklædningen, der normalt altid klædte hendes skuldre, den var blevet smidt i solen og afslørede de usædvanligt veltrænede skuldre og overarme.

Han vendte tilbage til skriveriet. Men kun kortvarigt inden han igen blev distraheret.

Døren til cafeen gik op og ind trådte pigen. Hun påkaldte sig flere af gæsternes opmærksomhed med sin blotte tilstedeværelse. Hun bad om et glas koldt vand og fik det uden ord eller beregning. Hun kiggede sig rundt i den halvfyldte cafe og selv om der var flere tomme borde satte hun sig uden at spørge ved bordet i hjørnet. Hun lignede en der overhovedet ikke noterede sig, at han sad der ved bordet i forvejen. Ingen sagde noget. De sad der blot. Hun drak stille sit vand. Rejste sig og gik stille ud og satte sig i solen med ryggen op mod caferuden, så han fortsat kunne betragte hende halvt bagfra oppe fra sin stol.

På stolen havde han fået placeret en pude, så han sad blødere og få centimer højere end andre.

Der var uden tvivl noget fængende ved hende. Nærmest bekendt, men så alligevel ikke. Kroppen var forkert. Håret genkendte han heller ikke, men der var noget bekendt ved hendes blik.

Han havde sneget sig til et blik i et splitsekund, da hun sad der i stolen overfor ham.

Hun havde kigget væk, men selv i dette perspektiv var der et eller andet. Hun rejste sig derude og forlod pladsen. Måske var det solen og varmen for hun så helt beruset og fortumlet ud. Hun forsvandt langsomt rundt om hjørnet med lav sol i ansigtet, så hendes skygge forlod pladsen langtrukkent, selv efter hun var ude af syne. Det mørke skyggespor var lige til at gribe ud efter og koble sig på. Han fik lyst til at finde ud af, hvor hun gik hen, men behovet for selvkontrol vandt over nysgerrigheden.

Man ved jo aldrig, hvad man finder på livets vej, hvis man lader sig forføre af aftensolens skygger.

Efter få minutter kunne han ikke holde på sig selv længere og rejste sig. Han gik ufrivilligt rundt om samme hjørne, som hun var gået. Hun var nok forsvundet nu, for der var gået for lang tid. Han kunne ikke lade være med at se efter hende, da han rundede hjørnet. Kun aftensolen mødte hans blik. Han missede med øjnene og kom til at smile, da han et kort øjeblik kiggede bagud for at se på sin egen dovne skygge, som modvilligt fulgte med.

Den skarpe sol der for få sekunder siden havde blændet ham, den efterlod skyggen i et flimrende skær, så det så ud som om, den nærmest rystede lidt. Det var selvfølgelig blot et synsbedrag og han gik videre.

Til højre foran ham, tre trin nede, lå den fineste alkohol- og tobaksforretning. Duften af ny-ristet kaffe steg op dernede fra. De havde også dyr belgisk chokolade, kunne han huske. Der var en grund til, at han ikke gik denne vej længere. Hans blik dvælede lidt ved en pæreformet flaske, som han instinktivt identificerede som en cubansk rom. 885,- stod der på prisskiltet på den lille flaske.

Han tvang blikket mod brostenene igen og gik videre. Han ville gerne hjem, men summen af laster er som bekendt konstant. En form for udlevelse af overskuddet af liv var uundgåelig. Ej at forveksle med opbygget frustration, som er noget ganske andet. Han måtte gå i lang tid, inden balancen genindfandt sig.

Dagene gik. Han besøgte cafeen dagligt, men var ikke rigtig i stand til at producere noget. Den gode Liv som passede cafeen i dagtimerne, var hans holdepunkt i disse perioder. Hun viste ham omsorg til trods for hans åbenlyse arrogance. Hun sagde endog ind imellem sandheden til ham, som en af de eneste der endnu orkede det. Hun var en af de få han ikke instinktivt modsagde, når hun udfordrede hans perspektiver. Det gav ikke mening at sige Liv imod, for hun ville ikke have ret. Hun ville blot sikre sig, at han var ok og det vidste han godt. Liv havde overværet det meste af det, han havde tilbudt sine omgivelser igennem årene. Hun kendte hans mørke sider.

Først uger senere dukkede hun op igen på pladsen derude. Han vidste nu, hvem hun var.

Gry, den Gry, hans Gry. De havde ikke været gode for hinanden i et stykke tid, havde hun sagt dengang, umiddelbart inden hun forlod ham. Hun var næsten uigenkendelig.

Det kommer altid bag på mennesker, når det uigenkendelige har det genkendelige boende i sig, tænkte han for sig selv.

Det er lidt som at blive mindet om noget man har vidst hele tiden, men glemt, om dét at være til. Og så står det der, lige foran dig på ny, personificeret i et menneskes uskyld.

Det var nok 15 år siden nu. Hun havde været omkring 20 år gammel. De mødte hinanden på vej hjem fra hver sin fest. De havde grint, huskede han. Grint over at de begge var søgt mod byens indre, selvom de begge havde været til fest i mange timer. Dengang var behovet for udlevelse endnu større. På en lille kælderbar havde hun søgt ham. Han var jo noget ældre end hende og derfor var han også blevet overrasket over den unge piges interesse dengang.

De havde snakket og drukket sammen helt op ad formiddagen. Stedet var lukket kl. 5, men de havde fået lov at blive siddende, da der alligevel skulle ryddes op og gøres rent. Da de endelig forlod baren var klokken blevet 9 og formiddagens skær havde blændet dem, da de kom udenfor. Stærkt berusede gik de langsomt gennem byen op imod Øgaderne, mens livet tog fart omkring dem. Butikker åbnede og børnefamilier viste sig i gaderne. Han havde spurgt, om hun ville "ryge med", da de nåede hans lejlighed. Hun afslog og sov inden han havde røget af. Så smuk, sød og uskyldig havde hun set ud, dér, sovende i formiddagslyset. De sov til langt op ad dagen.

Litterære og teoretiske eksempler:
Perspektiveringer på og inspiration til metodens R. findes bl. a. filosofisk igennem hele Kierkegaards forfatterskab. I Kierkegaards filosofi møder vi bl. a. Etikeren for hvem meningen med livet er funderet i bevidstheden om det valg, man i egentlig forstand står overfor, når man vælger "sig selv". Man vælger så at sige, hvordan man vil "være" overfor sig selv og andre. Dette grundlæggende eksistentielle

valg har været den filosofisk set mest inspirerende kilde til den meningsfuldhed min metode kaster lys på under metodens R.

Værdierne Frihed, Refleksion, Restitution og Rekreation i egentlig eksistentiel forstand er grundlæggende funderet i den samme meningsfuldhed, som findes i Kierkegaards værker. Især værker som "Sygdommen til døden" og "Enten – Eller" kan her fremhæves.

Psykologisk understøttes Metodens R. i høj grad af den optagethed man finder hos George Herbert Mead i forhold til dét, at blive sig selv. Meads perspektiveringer over "The Self, the I og the Me" har I høj grad medvirket til grundlaget for metodens R. Et par eksempler på G. H. Meads teori findes i nedenstående links for de interesserede 😊

https://www.khanacademy.org/test-prep/mcat/individuals-and-society/self-identity/v/george-herbert-mead-the-i-and-the-me

https://www.youtube.com/watch?v=7A2GIct0UnQ

https://www.youtube.com/watch?v=EAa2Op_b60Q

Litterært kan man finde ligheder og inspiration til metodens R. i værker som Martin A. Hansens "Løgneren" og på film er værker som Christoffer Boes "Reconstruction" og Krysztof Kieslowskis "Veronikas to liv" signifikante for perspektivet.

Slogans der afspejler perspektivet R:

L'Oreal – Because you're worth it
Gatorade – Is it in you?
Burger King – Have it your way
Apple – Think Different.

Men der er en slagside ved dette reflekterende, tænksomme perspektiv på livet. I hvert fald hvis man ophøjer perspektivet til livsform. Dvs. hvis man alene lever efter det, som en ledetråd til hvordan man vil være i livet. Der mangler nærvær. Perspektivet inviterer i for høj grad til eftertænksomhed og alvor.

Indesluttetheden ligger på lur.

Perspektivet er ufuldstændigt. Der mangler noget. Dette bringer os videre til teoriens fjerde og sidste element, nemlig N. i T.U.R.N.

N.

N. i T.U.R.N. dækker over fænomenerne Nærvær, Nutidighed og Nødvendighed. Den fælles værdi, der ligger under dem, er tilstedeværelsen. Det at være nærværende til stede i sit liv, nu og her med nødvendighed.

Nødvendighedsfænomenet giver anledning til lidt forklaring.

Det henviser til oplevelsen af, at vi *med nødvendighed* er nødt til at være nærværende. Vi kan ikke lade være, fordi det ikke giver mening at lade være.

Det ville være logisk selvmodsigende at acceptere egen mangel på nærvær i forhold til andre og til verden, fordi det underforstået ville bero på accepten af andres selvsamme mangel på nærvær f.eks. i kontakten med èn selv.

Nærvær er således ikke blot et behov. Det er en logisk nødvendighed.

Nødvendighedsfænomenet er på samme tid et udtryk for, at der findes noget givet i tilværelsen, som ikke er et forhold, man kan vælge til eller fra. Det er det forhold, at vi som mennesker altid allerede i forvejen er kastet ind i livet, på en måde som vi ikke selv har valgt.

Vi er med nødvendighed givet det grundlæggende livsvilkår, som nu engang èr vores i tilværelsen. Vi er altid allerede i livet.

Dette er et til-grund-liggende grundvilkår med nødvendighed.

Ved at vende os imod denne nødvendighed der altid allerede er der for vores tilværelse, vender vi os imod noget, som vi ikke kan ændre på. Der ligger en anden form for frihed i dette fænomen, end den frihed der berørtes under teoriens U. og R..

Friheden til at være prisgivet til det forhold, at man altid i forvejen er tilstedeværende i tid. Ved at vende sig imod dette forhold skabes der plads for og mulighed til, at acceptere tilværelsens grundvilkår og hermed muligheden for at være til stede i egentlig forstand. Et tilstedevær på en nærværende måde.

Hermed føres vi tilbage til nærværet.

Ved at rette vores opmærksomhed imod det nærværende, både som værensform, men også i de konkrete handlinger vi måtte udføre og relatere os til, vender vi os imod noget, som kan være understøttende for det meningsfulde. Dette gøres bedst, ikke nødvendigvis kun, men bedst, ved at rette sin opmærksomhed imod nutidigheden.

Man vender sig simpelthen imod det præsente. Det der, her og nu, er givet for os.

Ved i overført betydning at blive hjemme hos sig selv, ved sig selv, i sig selv og herfra lade tilværelsen strømme igennem sig, uden at være ved at opnå noget andet og større, opnås bedst den tilstedeværelse, som kan være medkonstituerende for meningsfuldhed.

Nutidigheden som fænomen kaster netop lys på det forhold, at vi som artsvæsner er de eneste, der er bekendte med det forhold, at vi eksisterer i tid. Vi er med andre ord opmærksomme på, at vi blot findes for en tid. Denne tidsopfattelse er en anden end opsummeringen af timer, dage og uger.

Den er et *udtryk for* og en *opmærksomhed på* helheden af øjeblikke, i hvilke livet er os givet.

Ved at forstå sig selv i forhold til denne form for tid, tiden som helhed, hvori vi blot befinder os i en yderst afgrænset periode, opstår muligheden for at begribe en anden form for meningsrigdom end den daglige, hvori vi hos hver vores coach fremsætter og tilstræber nye mål, som vi stræber imod.

Forstå mig ret. Der er intet galt i at sætte sig mål i dagligdags forstand eller mål om at udvikle sig til at blive berømt eller blive den bedste til noget. Vi kan blot ikke forvente, at vi med opfyldelsen af målet, i bedste fald, vil opnå mere end et øjebliks meningsfuldhed.

Ved derimod at forstå det enkelte mål ind i en ramme af ubegribelig uendelighed, bliver målet og processen hen imod målet noget i sig selv meningsfuldt.

Nemlig som en *hændelse*, hvis værdi netop er nødt til at være givet ved sig selv og ikke ved noget andet. Dette er en anden form for meningsfuldhed. Det er ikke noget større end hverdagens meningsfulde øjeblikke, som er noget andet end f.eks. at blive rig eller berømt.

Ved at vende os imod erkendelsen af os selv, i tid, vender vi os imod meningsfuldhed i form af *accept af* og *respekt for* det forhold, at der til enhver tid forud for os og efter os, vil *være* noget. Noget som er større end os selv. I dette uendelige og ufavnelige, får vores tanker, følelser og handlinger et andet skær. Et skær man må smile ad. Det får et skær af meningsfuldhed.

Kunsten at *være* ... nærværende.

Nær – "væren" i sin væremåde. Det siger sig selv, at dette ikke siger så lidt. Man mærker det instinktivt når et menneske besidder evnen at være nærværende. Evnen til at invitere tilværelsen indenfor i samtalen eller samværet.

Kunsten at være nærværende er selvfølgelig i almen betydning et udtryk for at kunne lytte og være den anden nær med sit nærvær. Men det at være *nær væren* er tillige et udtryk for, at man er i stand til at binde sig selv, den anden og verden sammen. Med sit nærvær tilbyder man en optagethed af det, som er til stede netop nu.

Nærvær får således noget med tid at gøre.

Evnen til at være nærværende er funderet i en forståelse af sig selv i forhold til tid. En forståelse af at man er til i tid. Nærværende kan man netop ikke være, hvis man er fanget i at være optaget af sig selv, fortiden eller fremtiden.

Hvis man bekymrer sig om, hvad fremtiden skal bringe eller er optaget af, at man skal lykkes i fremtiden eller hele tiden er på vej videre til det næste mål, så vil man ikke opleve nærvær eller opleves som nærværende.

Hvis man er optaget af, hvad man tidligere har gjort, føler skyld eller dvæler ved fortiden vil nærværet også have vanskelige vilkår for at trænge igennem. Synd, skyld, skam og burde vil være forhindringer.

Er man totalt optaget af sig selv og sit eget projekt lige her og lige nu, så vil man måske *opleve* sig selv som nærværende i forhold til sin egen optagethed, følelser, tanker og sind.

Men man overser noget.

Nærvær kalder nemlg på, at man træder i forhold til noget andet end sig selv.

Man er nær væren, når man er nær ved det (andet), som èr.

Det som èr, det karakteriseres netop ved at være så meget mere end en selv. Man er til i tid sammen med andre og i det som altid allerede er der i forvejen. Man træder i forhold til verden, hvorved ens opfattelse af tid forandres, parallelt med at ens verdensbillede forandres og i takt med at ens tidsopfattelse rykker sig fra at være lineær til at være cirkulær.

Kunsten at være nærværende er således et udtryk for evnen til at træde i eksistens, samtidig med at man stiller sig åben overfor tilværelsen. Ved at være bevidst om at lade sit væsen skinne igennem, samtidig med at man er åben, overfor det der måtte tilstøde, så vil Kunsten at være nærværende komme til udtryk. Det er en væremåde, en tilstand og en tilgang, man kan have med sig som ledsager igennem livet.

Kunsten at *være* ... nærværende – en fortælling.

"Nærvær"

"Mit ønske er at forblive ufri", sagde et menneske aldrig.

Jeg kender ingen grænse for menneskets evne til at sno sig udenom friheden, tænkte han for sig selv.

Hver eneste dag, hvert eneste øjeblik bringer vi os ud af kontakt med friheden som tilstand. Vi kender følelsen af frihed, da vi momentant oplever den igennem livet, så vi ved den findes. Frihed betyder, i eksistentiel forstand, det samme som det andre undertiden kalder lykke, tænkte han. En tilstand af nærvær i og med verden. Tilstanden er karakteriseret ved forskellige udtryk, men kan aldrig beskrives udtømmende. Eksempler kan dog være nyttige til at anskueliggøre til-grund-liggende forhold.

Det kan fremstå som paradoksalt, at man, når man kender til følelsen af at være fri i absolut forstand, til stadighed snor sig udenom fænomenet.

Forklaringen forekom ham simpel. Vi kan ikke holde til friheden ret længe ad gangen. Vi går simpelthen til grunde, som hvis vi skulle stirre vedvarende direkte ind i solen.

Her står han nu, en sen eftermiddag midt på en rød piste i Østrig, den sidste dag før skiferien slutter. Et af de steder, hvor solen med sine eftermiddagsstråler nærmest skærer et snit ned imellem bjergene, selvom man er lidt nede i terrænet. Der skærer sig ligesom en kile af solskin ned på hjørner af pisten. Det er der man skal holde sine pauser om eftermiddagen.

Om morgenen skal man holde pauserne på bjergets top hvor luften er frisk, ny og klar. Om eftermiddagen skal man finde sol-kilerne midt på bjerget. Det gør han denne dag. Klikker skiene af og sætter sig en stund på en af de snekanter pistemaskinerne skaber i udkanten af pisten sidst på sæsonen.

Mange travle forbifarende skiløbere drøner trætte og travle forbi. De kan lige nå en sidste lift op igen, inden den lukker. Han kan også lige nå en tur mere, inden det er tid til at køre ned i bunden, før lifterne er lukket. Man skal jo have det hele med ikke?

Pludselig er han alene.

Stilhed.

Ingen ved han sidder netop her. Den præcise lokation er ikke vigtig, kun stemningen, for det perfekte sted findes ikke og man kan ikke genbesøge en stemning.

Den er der, når den er der.

Følelsen af at høre til. At være til. At høre "hjemme".

Solen evner at varme lidt på ansigtet med trætte stråler og han må næsten lukke øjnene for at konfrontere solen med sit livsmod.

Her sidder han så. Tiden står næsten stille. Tiden har det med at gå uanset stemningen og heri er det måske netop at dilemmaet består. Det her er "godt nok", tænker han.

Nu er det godt nok. Jeg behøver ikke mere lige nu. I modsætning til at være perfekt og fejlfri. Det er "godt nok". Behøver ikke at nå den sidste tur. Bevidstheden om nuet er nok. Der kommer ikke en flok skrigende teenagere forbi på ski eller en skiskole eller en belærende far. Han rejser sig efter nogle minutter og drysser ned af bjerget. Det var nok. Han behøver ikke sidde der længere og tager ikke en tur mere op, da han kommer ned for foden af bjerget. Liften kører endnu og han overvejer det flere gange. "En tur til?" er der en lille stemme, der vedvarende spørger inde i hovedet. "Du kan godt nå det"! Han tager skiene af og smiler til livet.

N.

Litterære og teoretiske eksempler:
Filosofisk inspiration til metodens N. findes i udpræget grad hos **Martin Heidegger** der med sit fokus på "Dasein" i "Sein und Zeit" har "Tilstedeværet" i centrum. Heidegger har blik for det at være til i tid, som menneske. Forståelsen af at mennesket altid allerede i forvejen er bevidst om sin egen levetid, kaster lys på den meningsfuldhed der ligger i være tilstede i nuet og nyde tilværelsen i sin enkleste form, nemlig som "Været I Tid". Bevidstheden om at vi som værensart kan kaste nok så mange projekter ud foran os selv, uden vished for at det vil skabe den ønskede mening for os, det henviser os til den altid allestedsnærværende værdi tilværelsen har i sig selv.

De projekter vi kaster ud i verden skaber kun genklang, hvis de stemmer overens med det forhold at vi selv, som projekt, er funderet i verden.

N. i T.U.R.N. understøttes i høj grad af denne indsigt hos Heidegger Sociologen **Aron Antonovsky** har med sit fokus på "oplevelse af sammenhæng" været en stor inspirationskilde til metodens N. Evnen til at skabe en *oplevelse af sammenhæng*, i erkendelsen af og i bevidstheden om at livet ind imellem er ude af balance, henviser til netop denne nærværets platform af meningsfuldhed, som jeg hævder, man med mening kan vende sig imod.

Årsagen til at nogle mennesker, trods stresspåvirkninger, er i stand til at *befinde sig* i den positive ende af en tilstand, er således ifølge Antonowsky, "at de har en høj grad af "Oplevelse af sammenhæng" (OAS). Det betyder, at de er i stand til at sætte de stressfaktorer, de stilles overfor ind i en meningsfyldt sammenhæng". Antonovsky siger at OAS handler om begribelighed, håndterbarhed og meningsfuldhed.

Begribelighed handler om, hvorvidt personen oplever situationen som forståelig og struktureret. En person som har en stærk oplevelse af begribelighed vil kunne sætte hændelser ind i en sammenhæng og forklare dem. En person der har en lav oplevelse af begribelighed, vil opleve situationen som kaotisk og uforklarlig.

Håndterbarhed handler om, hvorvidt man opfatter, at der er ressourcer til at møde og klare de krav og stressfaktorer, man oplever gennem livet. Ressourcer er både indre og ydre og kan således være støtte og hjælp fra personer, som man har tillid til. Det kan f.eks. være familie, en læge eller Gud. En person med en stærk oplevelse af håndterbarhed, synes ikke at livet er uretfærdigt og føler sig ikke som offer. Men tingene tages som de kommer. Indre ressourcer kan findes i form af stærke sunde overbevisninger, selvværdsfølelser og en oplevelse af tillid til sig selv.

Meningsfuldhed handler (hos Antonovsky) om, i hvilken grad de problemer og de krav som tilværelsen fører med sig, er værd at engagere sig i. En person med en stærk oplevelse af meningsfuldhed ser problemerne som en udfordring og ikke som en byrde.

Personen glæder sig ikke over at møde modgang, men gør sit bedste for at komme igennem.

Ifølge Antonovsky er de 3 komponenter uløselig forbundet. Man kan godt have en høj, stærk oplevelse af begribelighed og håndterbarhed og en lav, svag oplevelse af meningsfuldhed. Det afhænger af personens tidligere oplevelser og erfaringer.

Alle 3 komponenter er nødvendige for at have en oplevelse af sammenhæng, men de er ikke alle lige vigtige.

Oplevelse af meningsfuldhed er meget vigtig, da denne udgør en motivation, som giver større forståelse og flere ressourcer. Oplevelse af begribelighed er vigtig, fordi det at have forståelse medfører evnen til at kunne håndtere. Håndterbarhed er vigtig i forhold til at kunne tro på og bruge de ressourcer der er i forsøget på at mestre situationen. For at man kan tale om mestring og evnen til at kunne klare stressede situationer, skal "oplevelse af sammenhæng" ses som en helhed. Det er denne evne til at mestre noget i en helhed i en oplevelse af at hører sammen med sin tilværelse, der har været medkonstituerende for opmærksomheden for N. i T.U.R.N.

Filmklassikeren **"Koyaanisqatsi"** fra 1982 kredser omkring det samme fænomen. Filmen har undertitlen "en verden ude af balance" og henkaster biografgængeren i en tilstand af skiftevis afmagt og balance. Nærværet bliver i filmen et bindeled til sammenhæng og meningsfuldhed. Filmen er endvidere et fremsynet blik for den fremmedgørende vækstudvikling, som skaber et behov for resonans, som der senere vendes tilbage til i denne bog.

Litterært finder man inspiration til den meningsfuldhed metodens N. belyser i værker som **Herman Hesses** "Siddhartha" og "Glasperlespillet" hvor væren (frit fortolket) identificeres med at "flyde med livet" som en flod af accept og hengivelse til tilværelsen.

I "Nuets Kraft" af **Ekhart Tolle** findes kimen til den grundlæggende accept af, at væren altid allerede er der og findes som et fænomen, der "skinner igennem" tilværelsen, uden at vi som mennesker nødvendigvis skal gøre noget ved det.

I "De måske egnede" af **Peter Høeg** findes belysningen af tiden som både et lineært og et cirkulært fænomen, hvilket er endnu et eksempel på meningsfuldheden i form af erkendelsen af at livet leves forlæns i tid, men med bevidstheden om at tiden samtidig er noget mere og større end summen af fortidens og fremtidens øjeblikke. Bevidstheden om værdien af nærvær.

Opsummering:

Gennemgangen af disse 4 platforme, zoner eller pejlemærker for meningsfuldhed kunne foldes meget mere ud. Men med det nuværende overfladiske indblik i perspektiverne, skal der for nu summeres op med henvisning til bogens øvrige dele og deres samlede sammenhæng for "Kunsten at være"

Opsummerende kan man således tegne et skema, som illustrerer perspektiverne og positionerne i T.U.R.N. med blik for tidsforståelsen, der implicit ligger heri.

Skemaet kunne se således ud:

T.U.R.N og tidsforståelse
Vend dig mod meningsfuldheden

T	U	R	N
Tryghed	Udlevelse	Refleksion	Nærvær
Tradition	Udvikling	Rekreation	Nuet
Tillid	Udtryk	Restitution	Værdi:
Værdi:	Værdi:	Værdi:	"Nærvær"
"Sikkerhed"	"Sansning"	"Frihed"	Leve
Normativ Tid	Øjeblikkets tid	Fri Tid	Tid/uendelig tid

Sprogligt kan det udfoldes således:
Uden tryghed ingen udvikling,
Uden udvikling ingen refleksion,
Uden refleksion ingen erkendelse,
Uden erkendelse ingen sårbarhed,
Uden sårbarhed intet nærvær,
Uden nærvær ingen tryghed.

En anden måde at illustrere indholdet i T.U.R.N er i form af afspejlingen i nedenstående typologi:

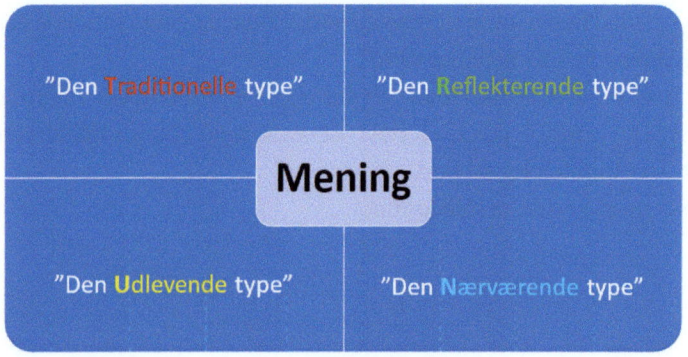

T.U.R.N i praksis – Hvordan gør man?

Hvordan gør man dèt der T.U.R.N. rent praktisk? var der engang en der spurgte mig i en snak om indholdet i T.U.R.N.

Hvordan vender man sig imod meningsfuldheden i praksis. Hvordan gør man og hvad gør man? spurgte vedkommende med rette.

Svaret handler i høj grad om *bevidsthed*.

Bevidsthed om værdien af at gøre det.

Værdien af at rette sin opmærksomhed imod det der giver mening for èn. Vi glemmer det og bliver trætte. Ligesom når vi ind imellem glemmer at spise, så bliver vi matte og trætte. På samme måde er det, når vi glemmer at ernære os, med noget der giver mening for os. Vi visner i og af ligegyldighed. Indenfor arbejdslivet identificeres "mangel på mening" som en decideret stresfaktor.

Bevidstheden om værdien af at opleve meningsfuldhed er forudsætningen for at håndtere dette hvordan. Man er nødt til at bringe sig selv i positioner, hvor det overhovedet er muligt at opleve meningsfuldhed. Meningsfuldheden er der altid allerede i forvejen, men hvis ikke vi retter os imod den, vil vi næppe bemærke den. Vi kan være heldige at blive ramt i ansigtet af solens lys gennem vinduet, mens vi står og hakker løg uden bevidst at have bragt os i denne position. Solen kan bryde igennem et lag af skyer og strejfe vores hud med varme aftenstråler og vi kommer til stille at smile for os selv over livets forunderlighed en tirsdag i oktober, men det er ikke givet at det sker. Hvis det sker, kan vi enten registrere det eller lade være. Vi er ikke selv herrer over, om vi registrerer det eller ej, men vi kan træne denne evne ligesom alt andet i livet. Man kan sagtens blive bedre til at rette sin opmærksomhed, imod det der giver mening.

Måske kan det anskueliggøres ved, at man placerer en lille **pyramide** med 4 sider foran sig, hvor de 4 sider repræsenterer T, U, R og N. Man kan nu simpelthen bare dreje de 4 meningsfuldheds-perspektiver imod sig for at få fokus rettet ind.

Det skal igen slås fast, at denne metode (T.U.R.N) primært handler om, *hvorfor* det vi gør, giver mening. Den handler om hvilket meningsfuldt grundlag, der er konstituerende for det vi gør. Det ville dog ikke være anvendeligt, hvis ikke der også henvises til, hvorledes grundlaget begribes og gøres håndterbart. Den enkelte vil altid skulle finde sin egen vej i metoden. Der er ingen genveje. Man skal have sig selv med, men det er jo ikke forbudt at bruge andre eller lytte til mulige veje. Det er altid en god idé at lytte. Så kan man bedre vælge egne veje bagefter. Om vi finder vej ved at blive taget i hånden af andre eller går egne veje, fordi vi ved, at det andre anviser os, ville være forkert for os, det er mindre vigtigt.

Muligheden ligger i afklaretheden.

Rent praktisk giver pyramiden mulighed for at vende sig mod en af de 4 meningsplatforme. For at undgå for mange rundtossede mennesker, der står og drejer sig rundt inde på kontoret tirsdag formiddag, skal jeg dog anbefale, at man vender meningen imod sig, fremfor selv at stå og vende sig. Derfor det lille symbol med de 4 sider. Intet religiøst i at det er en lille pyramide. Det forekom bare som en praktisk foranstaltning med denne form.

Pyramidens 4 sider repræsenterer de 4 meningszoner T. U. R. og N.

På den måde er meningsrigdommen kogt ned til noget praktisk anvendeligt, for man kan jo ikke starte med at lede efter meningen med livet hele tiden. Dels bliver det alt for kedeligt og komplekst og man taber også de andre og sig selv på gulvet. Det bliver simpelthen for langhåret. Det må det ikke blive. Det skal være simpelt.

Ved at vende sig mod pyramidens T. U. R. eller N. får man således med det samme både muligheder, perspektiver og modspil givet. Man skal bare gøre det. Hvordan man gør rent praktisk, det er ligegyldigt. Om man skriver noget ned, taler med sig selv eller andre om det, opsøger en der kan vejlede en, tegner eller danser det ud, det er ligegyldigt. Bare det virker.

Ved at vende sig imod meningsfuldhedens 4 platforme vil der utvivlsomt opstå mulighed for konkret at gribe situationen an og mærke om man har brug for at vende sig imod tryghed, udlevelse, refleksion eller nærvær. Man får mulighed for at handle og komme ud af rådvildhed eller kedsomhed. Måske bliver man opmærksom på, at man er nødt til at tale med andre om sin egen eller organisationens mission eller vision. Måske får man som leder øje på, at man har glemt at kigge på sit årshjul eller bruge sin kalender eller to do liste. Måske får man som menneske blik for at man trænger til at være mere sammen med sin familie eller gøre noget for sig selv eller med gode venner.

Måske kommer man i tanker om, at det er tid til at holde sin struktur eller søge nye udfordringer. Måske bliver man klar over, at man er nødt til at skille sig af med noget i livet. Måske bliver det klart for en selv, at man ikke selv er den rette til den opgave, man har i livet eller på jobbet længere. Måske er man nødt til at tage sig selv og sin livsstil op til revision. Måske bliver man klar over, at det man gør, det ikke længere er tilstrækkeligt for èn og at man nu også vil være en, der gør en forskel eller bliver en som andre vil huske og have lyst til at følge i kraft af èns evne til at være nærværende.

Det er sådanne refleksioner, jeg hævder, man kan bringe sig selv i position til, ved at benytte min metode. En metode som er udviklet igennem et arbejdsliv med ledelse, levede erfaringer, studier og utallige samtaler med fagpersoner, ledere og direktører på mange forskellige niveauer.

Øjeblikket

En anden mulighed for i praksis at udleve indholdet i T.U.R.N består i at *registrere* de øjeblikke, hvor meningen skinner igennem, uden at man nødvendigvis selv ved hvorfor disse øjeblikke opstår.

Øjeblikket er det, som vi indimellem prøver at indfange på fotos med vores telefoner og kameraer, men må erkende at afbildningen af noget, altid er noget andet end selve indtrykket.

Øjeblikket mister ofte mening, når vi forsøger at forevige det og prøver at strække det momentane ud i en anden tidsdimension. Vi kan gøre det og vi kan dele det, men det er ikke selve øjeblikket vi deler. Det er billedet af det.

Deraf udtrykket at ophøje noget til kunst. Kunstværket bliver netop til kunst, når det illustrerer eller minder os om noget, vi ikke kan begribe. Når væren skinner igennem værket.

Men nogle gange skal vi måske lade være med at tage billeder af de største øjeblikke og lade dem være det de blot er, med den meningsrigdom dette i sig selv allerede bærer med sig. Det perfekte billede kan aldrig måle sig med at være der selv, lige når øjeblikket opstår.

"Øjeblikket" – det lille "Nu" som er værd at registrere opleves bedst, hvis man øver sig i at stoppe op, blive stille et øjeblik og sætte farten ned eller endnu bedre, lade tiden gå i stå.

Men skal man så holde op med at snitte løg midt i madlavningen? For så bliver maden jo ikke færdig til tiden! Nej man må godt snitte videre. Det tager et splitsekund, at konstatere den gave man lige fik. Den hilsen tilværelsen gav en. Den meningsfulde påmindelse om at livet var der længe før en selv og vil være der længe efter. Påmindelsen om at man ikke er selve tilværelsens centrum og at ens bekymringer stort set alle er grundløse i dette universelle perspektiv.

Man kan simpelthen lige så godt læne sig ind i livet og lade det komme til en. Sætte tempoet ned og blive stille for en stund og blive ved med at hakke løg, men gøre det med et ydmygt accepterende smil på læben over grundlæggende altid at være prisgivet i forhold til tilværelsen på godt og ondt. Ikke et ironisk smil og ikke et opgivende smil og slet ikke et ligegyldighedens afstandstagende smil. Men et sårbart smil hvor man *lader sit grundvilkår skylle ind over sig,* med bevidstheden om at livet går sin gang. Dette kan man træne.

Udfordringen for mange i dette vil være at skulle acceptere at meningsfuldheden er ude af vores hænder. Vi vil som mennesker ofte foranlediges til at kontrollere og konstruere vores meningsfulde tilværelse. Det er svært for os, ikke blot at gøre det der virker.

Men er vi så blot hensat til en buddhistisk tilværelse af tilstande, som vi skal suge til os når de viser sig?

Nej ikke kun.

Vi kan godt træne os selv i at komme i fordelagtige positioner. Vi ved jo ofte godt selv, hvad der er godt for sjælen, som man siger. Vi ved ofte også, hvad der ikke er. Vi kan sagtens selv bryde mønstre og søge hen imod meningsfulde positioner. Vi ved godt, hvad vi med fordel, *øjeblikkeligt*, kan rette os imod, hvis antagelsen af de universelle behov i T.U.R.N har noget på sig. Noget af det man helt konkret kan træne eller afprøve, vil jeg derfor nu komme ind på i de situationer, hvor tilværelsen ikke af sig selv byder på andet end gråt i gråt.

Øjeblikke kan f.eks. opleves en morgen i bilen, hvor der kommer en sang i radioen, du havde glemt, som du holder meget af eller du kører forbi en indhegning, hvor de nyligt fødte lam springer utrænede rundt. Min datter gav mig også et eksempel en dag, hvor vi tilfældigt gik igennem den gamle by i Århus og hun fortalte om en tur med skolen i 1. klasse for mange år siden, hvor hun og resten af eleverne, selv måtte gå rundt. De havde penge med og måtte selv bestemme, hvad de ville købe og de havde næsten alle købt et honninghjerte og siddet sammen og spist det uden voksne. En historie jeg ikke havde hørt før, men i den grad et "Moment" for min datter med den rigdom af meningsfuldhed det rummer.

Eksemplerne er utallige og Henrik Ponthoppidan er bl.a. en mester i skildringer af disse "øjeblikke", hvis man vil dyrke påmindelsen om disse.

Kunststykket som menneske er imidlertid at registrere disse øjeblikke. Dette er en mulighed og en træningssag. Man kan simpelthen skærpe sin opmærksomhed og bevidsthed imod disse "foræringer af meningsfuldhed".

Når man gør sig bevidst, at det er afgørende for ens oplevelse af mening i livet at registrere værdien af "øjeblikkeligt nærvær" eller "øjeblikkets samstemmende genklang", så vil man kunne træne evnen til at huske at stoppe op et sekund og nyde at være i øjeblikket. Man bliver bedre til at lytte og skærpe sanserne omkring dette enkelte øjeblik og tage oplevelsen af "genklang" eller "samklang" (resonans) med sig videre.

Man træner derved sig selv, sin hjerne og sit sind i at stole mere på, at de fornemmelser for øjeblikkeligt nærvær vi registrerer momentalt, skal tilskrives opmærksomhed. Registreringen sker langt forud for den bevidste sproglige registrering af fænomenet, så vi er nødt til at lytte med hele vores krop og vores sanser, hvis vi vil dyrke denne evne. Men dette betyder altså ikke, at vi skal eller kan stoppe op og lave en Mindfullness-øvelse eller en meditation, hvert andet øjeblik i håbet om at der pipler en bæk eller spirer en blomst frem et sted.

Vi kan ikke konstruere eller planlægge øjeblikke.

Det er fuldt ud tilstrækkeligt blot at lade øjeblikket få opmærksomhed, når et sådant indfinder sig og smile ad livets foræringer uden at køre galt på vejen. Hvis man mestrer dette, vil jeg hævde, at man ofte vil komme til at smile mere for sig selv i livet.

Men alt hvad der endnu er skrevet om, hvordan man bruger tilgangen (T.U.R.N) i praksis kan måske konkretiseres yderligere ved i stedet at stille spørgsmålet:

Hvad gør man?

Det kan måske illustreres således:

Den der tirsdag, hvor man ikke skal noget. Der er gået hverdag i den. Man er ikke rigtig glad. Det kan sgu være lidt det samme. Sådan en dag hvor man ikke rigtig kan mærke noget. Dagen går bare og man bidrager ikke rigtigt med noget. Man er hverken sådan rigtig glad eller rigtig ked af noget, man er mere bare ligeglad. Det er fint nok og alligevel ikke. Der er ikke noget rigtigt i vejen for, at man har det godt, men det kommer ikke af sig selv.

Hvad kan man så gøre?

Man kan prøve at rette sig aktivt imod de 4 meningsfuldhedszoner med bevidstheden om, at man så (i lidt højere grad) har givet sig selv muligheden for at lade tilværelsen give mening.

Man kan f.eks. (T).

1. Hvile eller sove eller bringe sig selv i så tryg en position som muligt i en hyggelig krog af sit hjem, alene eller sammen med andre som man ved holder af en, som man er.

2. Kontakte nær familie eller venner der kender en rigtig godt eller

3. Genbesøge et sted, en situation eller en aktivitet man er tryg ved og god til at være i.

4. Genskabe en struktur og et overblik i sit liv.

5. Genbesøge eller genskabe en god og tillidsvækkende tradition.

Måske var dette lige hvad der var brug for og ellers kan man f.eks. (U).

6. Bevæge sig, træne eller lignende

7. Spise, nyde eller drikke lige hvad man har lyst til eller

8. Råbe, danse, synge og opleve noget nyt

9. Vinterbade

Måske var det lige hvad der var brug for og ellers kan man f.eks. (R).

10. Læse eller se film

11. Samtale og reflektere eller

12. Lytte til en man respekterer

Måske mærker man meningen med dette og ellers kan man f.eks. (N).

13. Søge ud i naturen

14. Være nær ved meningsfyldte steder eller mennesker

15. Øge fokus på at være til stede her og nu f.eks. gennem dybe vejrtrækninger

Måske kommer man nu på ny til stede og får kontakt med noget værdifuldt i tilværelsen.

Der er ingen garanti for at disse aktiviteter og tiltag vil bringe et menneske et bestemt sted hen, men det vil med garanti bryde afmagten og ligegyldigheden, at man herved træffer et aktivt valg.

Man vil mærke at man træder i eksistens og står ved sig selv. Man vil flytte sin bevidsthed, fra at fokusere på det der forhindrer en i at være til, til bevidstheden om hvad man har lyst til at gøre ved det. Dette er måske i sig selv den største bevægelse.

Nemlig den bevægelse hvor man igen tager tilværelsen på sig og retter sig imod trygheden, udlevelsen, refleksionen og nærværet. Denne bevægelse kan man sagtens træne. Man kan træne den og udføre den dagligt. Man kan uden problemer lave denne lille bevægelse flere gange hver dag og blive fortrolig med at bruge et kort stykke tid på at rette sin opmærksomhed på denne måde.

Det kræver bevidsthed at blive god til dette, men der er ikke noget svært ved det. Man kan træne det alene eller sammen med andre og det er individuelt hvad der vil give mening for den enkelte.

Med afsæt i denne skildring af Kunsten at være meningsfuld vil jeg her bevæge mig lidt videre ind i andre eksempler på "Kunsten at være".

Et medkonstituerende element for meningsfuldhed vil altid være ærlighed, hvorfor jeg vil starte med "Kunsten at være ærlig".

Kunsten at *være* ... ærlig.

"Kunsten at være" er ingen beskyttet titel. Evnen til at være kommer i utallige afskygninger. Der er ikke en måde at være på, som er den rigtige for alle. Der er ikke engang en måde at være rigtig på for den enkelte. Hos den enkelte varierer Kunsten at være også over tid, lyst, vilje og evne.

Men Kunsten at være det ene eller det andet er altid funderet i selve evnen til at være noget i forhold til eller i overensstemmelse med noget andet. Dette andet er ikke alene andre, men også verden. Vi befinder os altid allerede i et verdensforhold.

Menneskets evne til at træde ud af sig selv og betragte sig selv (udefra), som en del af et forhold til noget andet, bringer det endvidere i en position, hvorfra det tillige (samtidig) kan vurdere sig selv og sine egne handlinger.

Når vi som mennesker bliver bevidste om dette opstår muligheden for at være, som vi vælger at være og være som vi vil være.

Det bliver et valg. Vi kender dette rent sprogligt fra udtryk som at "træde i karaktér". Når et menneske træder i karaktér identificerer vi handlingen med et bevidst valg fra vedkommendes side. Et valg som er betinget af, at den handlende har set på sig selv i forhold til noget andet udefra.

En af de muligheder der kan opstå i en sådan handling, det er muligheden for at være ærlig.

Hvor ofte har man ikke tænkt, hvad man skulle have sagt eller gjort, hvis man havde været ærlig. Man siger det endvidere højt til hinanden ind imellem, når man spørger den anden, "må jeg være ærlig", som en forsigtig forberedelse på at nu kommer der noget andet, end det den anden måske forventer.

Ærlighed er ofte et valg. Det at være ærlig er en evne eller en kunst om man vil. Det er oftest et udtryk for et bevidst valg. Det er et valg, der kan vidne om selvindsigt, forståelse for andre og et valg om hvordan man vil være.

Man sidder f. eks i et møde og en sætning eller et spørgsmål trænger sig på.

Hvorfor går vi egentlig i denne retning? Eller "Hvad er vi egentlig ved?

Ikke i den forstand at man ikke forstår, hvad man er ved, men man mærker at ingen har energi, på det man er ved eller at ingen synes det giver mening. Ofte fordi man er ved alt muligt andet end det man egentlig føler man er sat i verden for (sammen).

Man overvejer at stille det oprigtige spørgsmål "Hvad er vi egentlig ved?", men man kender konsekvenserne. De andre ville måske ikke orke at diskutere det.

Nogle ville blive usikre. Andre ville positionere sig i forhold til de andre tilstedeværende, ledelsen og kollegerne og benytte lejligheden til at spille sig selv god ved at glatte ud eller lade det se ud som om, at vedkommende da for længst har forstået hvad vi er ved og at den eneste der ikke har forstået det, det er den der stiller spørgsmålet. Også selv om alle godt ved, at ingen reelt ved, hvad vi er ved og hvorfor vi er ved det og at det vi er ved, det ikke giver mening for nogen, fordi alle reelt er optaget af noget helt andet som er på spil.

Man pakker derfor sit spørgsmål ned. Måske kommer man i tvivl om man bare ikke selv har fulgt med i hvad der foregår eller er gået forud. Man luller sig selv ind i historien om at man nok også bare selv er træt og ikke skarp nok, fordi dette er langt mindre udfordrende at forholde sig til. Men man ved det godt. Man ved godt man gør det og man ved godt at andre gør det. Man får øjenkontakt med en kollega, som sender en et lille smil og laver himmelvendte øjne i smug og der går en lille befrielse igennem krop og sjæl. Man er ikke alene om at se det. Man tænker "To sjæle en tanke" og finder ro og tryghed heri. Man smiler til de andre og lader mødet gå videre. Andre gange gør man ikke.

Man kan ikke være ærlig om alting hele tiden og indimellem er ærlighed også snarere et udtryk for egoisme end et reflekteret forsøg på at stå ved sig selv. Men ærlighed er en kunst, en evne, en færdighed, som kan trænes og bevidstgøres f.eks. i form af bevidstheden om, hvornår man er nødt til at være ærlig for at kunne være sig selv, være ærlig overfor sig selv og være tro imod sine værdier. Men det er også en kunst som er funderet i selve det at være til i tid. Man ved man skal være i verden i en bestemt afmålt livstid. Konfronteret med denne erkendelse vil man ind imellem kunne træffe andre valg om at være ærlig. Når det bliver spild af tid (livstid), at være uærlig eller ligeglad med om man er ærlig, så vil man ind imellem finde trangen, lysten og modet til at være ærlig, selvom der følger en masse bøvl med ærligheden.

Man kan ikke *lade være*. Man er nødt til *at være*. Ellers mister man undertiden evnen til at trække vejret frit ned i maven. Man forkrampes og får kvalme over ikke at være ... f.eks. ærlig.

Kunsten at *være* ... ydmyg.

Kunsten at være ydmyg er funderet i erkendelsen af, at den enkelte som regel ved bedst, hvad der er bedst for vedkommende selv. Ydmygheden kan måske bedst forstås i forhold til Kierkegaards begreb "hjælpekunst". Hjælpekunst, som det hedder hos Kierkegaard, beskriver så fint det forhold, at man for at hjælpe et andet menneske altid først må sætte sig i den andens sted. Man må altid først være ydmyg overfor, hvad den anden forstår, før man kan hjælpe den anden.

I Kunsten at være ydmyg ligger også erkendelsen og accepten af, at der ofte er en større sammenhæng, man ikke fuldt ud forstår. Man skimter måske strukturerne af en sammenhæng, men bilder sig ikke ind, at man har styr på og overblik over alle detaljer og konstituenter i en sammenhæng.

Ydmyghed skal her ikke forstås i betydningen selvopofrende, tilbagetrukket eller uselvisk. Ydmyghed skal mere forstås, som evnen til at finde ro i at man selv og enhver anden, til enhver tid, er nok og tilstrækkelig i sig selv, uden hele tiden at skulle træde frem og bevise sit værd for sig selv og andre.

Ægte ydmyghed består således i at kende sit værd og give plads til andre uden frygt for eller mistillid til at blive underkendt eller overset. Det lukker op for muligheden for at lytte oprigtigt og spørge ind til andre med reel nysgerrighed på, hvad andre byder ind med. Dette lader sig kun gøre, i forlængelse af erkendelsen af at enhver anden man møder på sin vej som menneske, har noget genuint at bidrage med. Ydmyghed er ufarligt i dette lys. Det er en tryg position, hvis man ikke er bange for at miste terræn eller magt.

Den som er i stand til ægte at være ydmyg, han eller hun er et værdifuldt aktiv for enhver form for socialitet og organisation, fordi ydmygheden positionelt inviterer til åbenhed.

Især sociale sammenhænge som er konservative eller frygtsomme overfor det nye, vil have brug for mennesker med evnen til at være ydmyge.

Når der vedblivende skrives ægte ydmyghed, skyldes det at der også findes en udbredt form for falsk ydmyghed, som er en helt anden størrelse. Denne er, i modsætning til ægte ydmyghed, defineret ved at behovet for anerkendelse har sneget sig ind i attituden.

Man ser eksempelvis dette komme til udtryk, når folk der meget forsigtigt siger noget i en social sammenhæng, de ender med at tildrage sig stor opmærksomhed. Disse mennesker er ofte bevidst eller ubevidst spundet ind i en kappe af falsk ydmyghed. Spørg derfor ind imellem dig selv – Hvad er jeg egentlig ved?, hvis du har mod på at finde ud af, om du reelt er ydmyg overfor andres meninger og holdninger eller om du i virkeligheden er ved at positionere dig.

Kunsten at *være* ... ufølsom.

Kender I det at I sidder i en diskussion på jeres job, med jeres familie eller med jeres venner og nogen så siger, "Ja men jeg føler altså bare at ..."?

I diskuterer f.eks. fordeling af opgaver på arbejdet og der argumenteres for og imod i teamet. Der præsenteres argumenter for f.eks. det logiske valg, det praktiske perspektiv, det der giver mest mening for organisationen, det der har den højeste brandingværdi og så videre.

Der tænkes tanker, der perspektiveres og der reflekteres. Der henvises til erfaringen og historien. Der bringes viljes- og magtperspektiver i spil. Man positionerer sig og "timer" sine indlæg, så de får mest muligt "impact". Når så alle er færdige med disse indledende diskussioner, hvor viden og ekspertudtalelser har været bragt, så slutter snakken med at en eller anden, ofte den øverste i hierarkiet eller en økonom siger, "Jamen det er fint nok alt sammen, men hvad har vi egentlig råd til". Diskussionen lægges ned, for det kan jo være lige meget, hvis ikke der er penge til det. Økonomien, valutaen eller penge bliver vores fælles højeste referenceramme og snakken forstummer. Der sidder måske en enkelt primadonna i gruppen, som bliver lidt bitter og siger "men hvad skulle vi så egentlig have diskussionen for, hvis det alligevel bare var et spørgsmål om penge"?

Den diplomatiske leder bryder ind og siger "det var vigtigt, at vi tog snakken (nu er det blevet til en snak i stedet for en beslutningsdebat), for det var vigtigt at vi havde processen".

Men selv disse desperate forsøg på at genskabe konsensus forstummer og de før så engagerede debattører resignerer og glæder sig til at komme tilbage til deres eget lille område og passe deres opgaver. Økonomien hersker og økonomien lukker snakken.

Eller sådan var det i hvert fald indtil for få år siden. Der er en ny stemme, der har sneget sig ind i diskussionerne i de senere år. "Amen jeg kan altså bare mærke, at jeg føler, at det her det gør noget ved mig – stemmen".

Og denne stemme har fået magt. "Uha" kan man se nogen tænke rundt om bordet, ud over dem der bare slet og ret bliver decideret irriterede over dette tilsyneladende umodne indspark. Men konsulenterne, lederne og HR folkene stopper op i deres tankeflugt og vender tilbage til at være nærværende på mødet. For der er noget på spil. Noget som kan ske at koste penge, men vi kan ikke nå at regne de økonomiske konsekvenser ud hurtigt nok, til at vi kan skubbe en lille seddel over til direktøren med informationen om, hvorvidt vi skal tage dette uhåndterbare input seriøst.

En følelse ... hmm ... Hvad mon denne følelse kan komme til at koste os?

En følelse er jo principielt privat ligesom oplevelsen af smerte f. eks er det. Vi andre har ikke direkte adgang til den andens følelse og vi kan ikke umiddelbart klassificere eller kategorisere den andens følelse. Vi kan forsøge at scanne, om den mon er rød, gul eller grøn hvor rød er alarmerende, gul er advarende og grøn er opmærksomhedsskabende, men vi kan ikke diagnosticere eller klassificere i en grad, så der genskabes umiddelbar tryghed i gruppen.

Før var vi trods alt enige om, at økonomien var et nødvendigt onde og en forudsætning for vores eksistensberettigelse, uden hvilken vi slet og ret ophørte med at eksistere.

Men en *følelse* ... det er straks noget andet. Vi forsøger straks at gøre den op i en bekendt valuta, men det kan vi ikke. Vi kan kun gøre som Lars Løkke, når der er nogen i Moderaterne, der har en følelse af at arbejdsmiljøet er dårligt og måske endda krænkende for nogen. Hvis det er krænkende, så kan det blive dyrt, det ved alle.

Det hjælper ikke at fremlægge en handlingsplan, selv om det er nærliggende og man ser da også konstant forsøg på at lave denne bevægelse, men der er et problem. Så længe vi kaster lys på genopretningsplanen, kaster vi lys på organisationen og det som ikke er, som det skal være. Vi kaster lys på, at vi er på vej, men vi er ikke i mål endnu, hvilket opfattes som det samme, som at skabe dårlig omtale.

Udfordringen består teknisk set i, at en følelse i vor tid rangerer højere end fornuften, viljen sansningen, erfaringen og historien, fordi en følelse ikke kan diskuteres. Det giver jo ikke mening, at spørge den anden om vedkommende nu også er sikker på, at vedkommende føler det han eller hun (eller hvad man end måtte identificere sig som) føler.

Spørgsmålet "er du sikker på, at du føler, det du føler"? stilles sjældent i en diskussion, for det ville af nogen, i sig selv kunne opfattes som krænkende og nedladende.

Følelsen rangerer højere end fakta og fornuft, fordi den refererer til menneskerettigheder. Alle har jo ret til at føle det de føler.

Så der er kun en ting, vi kan gøre ved det i bestræbelserne på at undgå kaos og rendyrket subjektivisme. Vi forfalder, ligesom Lars Løkke er lykkedes med at gøre det, til at flytte fokus over på noget andet. Vi drejer projektøren. Vi kaster lys på afsenderen, i stedet for at tale om det vi ikke kan styre.

Vi adresserer og returnerer følelsen til afsenderen med "ordentlighed" og "nysgerrighed" ved at svare "puha da da", "sådan er der jo ingen der skal have det her, så kan du måske fortælle lidt mere til os andre, om hvordan du har det, med at have den følelse du har"?.

Vi afsætter noget afmålt tid til at lytte og foregiver at være oprigtigt interesserede i den andens følelse og ve og vel, men vi er allerede begyndt at dreje projektøren. Nu lyser vi på afsenderen, hvis følelse jo i princippet ikke behøver at have noget med organisationen at gøre og man kan ikke skyde os i skoene, at vi ikke lytter oprigtigt, for det kan jo kun den enkelte mærke, om man gør.

Vi interesserer os for den andens følelse og ophøjer den til en holdning eller et perspektiv, for så har vi igen styr på retorikken og kan til sidst, hvis vi er rigtig heldige, få sagen til at dreje sig om hvorvidt den andens følelse i virkeligheden handler om vedkommende selv og om det den anden er ved at gøre ved andre med sin følelse, i virkeligheden er i orden eller om den følelse faktisk er krænkende for os andre.

Men alt er nu blevet så forskruet og uden egentlig substans og konsensus, at det som der oprindeligt pegedes på, det er ved at være glemt.

Men stemmen "jeg føler at ..." den er derude og vi kan ikke længere ignorere den uden potentielle konsekvenser.

Så Kunsten at være ufølsom skal med andre ord ikke forstås som et udtryk for at være ufølsom i den forstand, at man er ligeglad med andre. Slet ikke.

Kunsten at være ufølsom er mere en insisteren på at fornuft, ønsker, sansning, erfaring, vilje og tanker, kan være ligeså kvalificerende for en beslutning som følelser.

Det er evnen til at have modet til at udfordre, at den andens følelse måske ikke berettiger til andet end at blive taget alvorligt, netop som det den er, nemlig en følelse.

Så når en anden siger "Jeg føler at ...", så bør det ikke stoppe en god sund debat. Det forhold at man selv eller en anden bliver ked af noget, kan jo heller ikke pr. definition være betingende for, hvad andre så efterfølgende kan tillade sig at sige eller tænke eller mene. Følelser er følelser.

Det er tilstande vi skal tage yderst alvorligt og lytte til og tage med i overvejelserne og til tider også handle efter, men følelser kan også være så fejlbarlige og forbigående og defineret af et helt andet grundlag end man selv er klar over, hvor det ville være direkte uhensigtsmæssigt at give dem større betydning end en tanke der blot strejfer en.

Træthed, sult og dovenskab skaber jo ofte følelser, som vi slet ikke er i stand til at erkende i farten. Kunsten at være ufølsom, uden at blive ignorant eller arrogant, er derfor en evne, som kræver mod, viden og erfaring. En evne som verden har brug for, så vi ikke forfalder til at ville skåne alle for muligheden for at føle sig krænket. Hvis muligheden for at nogen kan føle sig krænket, over noget man måske har tænkt sig at gøre eller sige, bliver det styrende paradigme (og det er det jo allerede i mange sammenhænge), så trænger vi til at stole på fornuften og normen igen. For det at gætte på hvad andre *måske* kommer til at føle nu eller om en årrække, det er ikke alene et skråplan. Det er også en fejlslutning.

Det er en logisk fejlslutning af konkludere, at man kan eller skal handle efter, hvad man selv eller andre måske kommer til at føle herom nu eller i fremtiden.

Kunsten at *være* ... kærlig.

Kunsten at være kærlig er en tilgang, mere end det er en metode. Det at *være* kærlig er her noget andet end at være i stand til at holde af, eller vise andre at man sætter pris på dem ved at rose, anerkende eller give dem ting eller kærlighed.

Det er mere end det. Det er et menneskesyn. Det er bevidstheden om, at værdien af at være kærlig er vigtigere for ens måde at være i livet på end andre væremåder. Det er forståelsen for, at der er tale om et mere grundlæggende eller bagvedliggende valg. Et valg eller en indstilling der bygger på at være bevidst om, at selve det at være kærlig bringer mere livsglæde og sammenhæng til andre og tilbage igen til én selv, end f.eks. det at være dygtig, effektiv, produktiv eller selvudviklet.

(Selvudvikling kan ikke være et mål i sig selv. Det kan være et middel til at blive i stand til at være en del af noget, som er større end én selv. Der hersker en udbredt misforståelse om, at selvudviklingen i sig selv udgør formålet med at være i livet. Det at blive en bedre udgave af sig selv er principielt prisværdigt, men det har kun en mindre rolle at spille i forhold til Kunsten at være. Vi kan stræbe imod at *leve* os selv fuldt ud, men udvikling med perfektion for øje er ikke et mål i sig selv i forhold til Kunsten at *være*).

Kunsten at være kærlig går både forud for effektivitet, produktivitet og selve det at være bedst til noget og det kommer også efter disse fænomener og samler op på effekten af dem. Det er bestemt formålstjenligt, at nogen er gode til at præstere noget, men hvis ikke det man gør, er funderet i noget, som skaber eller genskaber mening eller sammenhæng igennem forholdet til noget, som er større end én selv, så vil man risikere at blive ramt af den fortvivlelse, der ligger i, at man altid ville have kunnet gøre det lidt bedre, uanset om man er den bedste til noget i verden. Denne fortvivlelse er uendelig.

Der findes for tiden en kvinde (og jeg hævder selvfølgelig ikke, at hun er fortvivlet), der sætter verdensrekord i at kunne løbe flest kilometer på 6 døgn. Over 902 km på 6 døgn er rekorden lige for tiden. Hun er ultraløber, som det hedder og har (af alle steder) valgt at løbe rundt om en lille sø i Aabybro. Respekt herfra for præstationen og viljen og tak til TV2 Nord for at dække begivenheden, men vi må håbe at præstationen tillige er funderet i noget andet, end alene dét, at være den der kan.

Pointen med at henvise sig selv til noget andet i form af f.eks. en større sammenhæng skinner igennem hos mange dygtige ledere i vor tid, i form af at de henviser til, at man som leder (og menneske) skal kende sit *hvorfor*, kende sit *"purpose"*, henvise sine medarbejdere til formål, den større sammenhæng og fællesskaber. Alt sammen noget som er større end en selv. Alt sammen noget som henviser til noget andet og alt sammen noget, som peger i retning af meningsfuldhed, som meningskonstituerende grundlag. Det bliver til noget andet end alene at tage ledelse ud fra sine og organisationens værdier. Det er ikke i modstrid hertil, men det er tillige noget andet.

"Kunsten at være kærlig" kan være en meningsgivende bagvedliggende intention (en meningskonstituent) til at "overskride" selve præstationen, hvad end denne måtte bestå i at løbe 902 km eller i at lede andre.

Kunsten at være noget som transcenderer selve projektet, er ofte det der får os mennesker til at gøre tingene færdige. Viljen kan bringe os et stykke af vejen. Når viljen slipper op, og det gør den for de fleste når det kommer til stykket, fordi den ofte er funderet i trods, så skal der træde noget andet og stærkere i stedet. Kærligheden kan være dette. Skulle man miste et barn i livet, ville man kunne genfinde viljen til at forblive i livet for sine andre børn, men evnen til reelt fortsat at være til stede med sit nærvær i livet, det vil viljen ikke kunne opretholde.

Kunsten at være kærlig er således også, implicit, erkendelsen af egen sårbarhed, utilstrækkelighed og ufuldstændighed og dette giver mening på en anden måde end evnen og viljen til at være den bedste til noget, som en eller anden måske en dag er bedre til end en selv. Kunsten at være kærlig vidner med andre ord også om evnen til at erkende og acceptere, at man har brug for at være til i forhold til noget andet end sig selv og erkendelsen af, at man selv og alle andre på et tidspunkt kan få brug for andres kærlighed.

Denne kunst åbner samtidig op til et andet sprog og sproget er jo det hyppigst anvendte medie for formidling, af det som giver mening for os mennesker.

Et andet sprog i form af kunsten at tale fra hjertet i stedet for at tale fra forstanden. Det at tale fra hjertet er karakteriseret ved en evne til, oftere at lytte mere end man er vant til. Lytte længere og lytte mere end man selv taler og lytte og få øje på det der netop ikke bliver sagt. En evne til at lytte med åbenhed overfor "det andet" i betydningen noget andet end én selv. Denne åbenhed overfor det ukendte er funderet i en tillid til, at den anden vil én noget godt og en tro på at samværet og samtalen vil kunne føre til noget meningsfuldt.

Kunsten at være kærlig og tale fra hjertet er selvsagt en evne, som er mere udtalt og udviklet hos nogle end andre, men det er også en kunst, som kan trænes og udvikles i bevidstheden om det formålstjenlige i at være og tale således. Når man taler fra hjertet, så har man verdensforholdet implicit med i sin forståelsesramme for selve kommunikationen. Man medindtænker andre og omverdenen i sin væren, når man taler og lytter fra hjertet.

Man giver samtidig andre mulighed for at få øje på noget andet og mere end det simple modsvar, vi ofte automatisk møder hinanden med i livet. Tålmodighed og tillid til at de rigtige svar nok skal finde vej og tillid til at den meningsfulde mulighed nok skal vise sig, det er således ofte en "hjertesag", i accepten af at det der skal ske, det sker, når det sker.

Der hersker et kæmpestort element af *mod* i evnen til at tale fra hjertet, fordi det i høj grad vidner om evnen til at turde lade livet forme sig udenfor rammen af éns kontrol. Det kræver ikke meget mod altid at skynde sig og sige, hvad man selv tænker om en sag og således forme den virkelighed, man gerne ser udforme sig. Man tager ganske vist ansvar og det er der ofte brug for at nogen har modet til, men man tager (måske kun) ansvar for det man selv fortløbende prøver at konstruere.

Det reelt modige, det består i evnen til at tage medansvar for samtalen og samværet ved at give plads til andres konstruktioner og meningskonstitutioner. Denne evne er sammenlignelig med Kunsten at være kærlig og med evnen til at kommunikere fra hjertet uden at forfalde til at skabe en kontrollerbar overfladisk tryghed.

Kunsten at _være_ ... kærlig – en fortælling.

Der sidder en mand i venteværelset hos lægen sammen med sin voksne søn på 20 år. De er muntre og småsnakkende. De kigger sammen på sjove videoklip på telefonen uden lyd. Det foregår hviskende, da der er stille omkring dem i venteværelset. De 5 andre ventende sidder for sig selv.

Der kommer et ældre par og sætter sig ned. De taler næsten heller ikke sammen. "Hej" siger en anden ældre dame og går hen imod det nyankomne ældre par. De ser ikke fantastisk begejstrede ud over hendes "approach", da hun spørger om det går godt?

"Tja øøhh neeej" svarer den ældre kvinde og peger på manden da hun siger "neeej". "Det går, du ved", fortsætter hun og smiler forbeholdende og udglattende. Snakken drejer herefter over i almindelige udvekslinger om, hvornår det var, man sidst havde set hinanden osv.

Selv denne lille overfladiske snak er kærkommen. En minimal abstraktion som for en kort stund flytter fokus.

Den unge mand har allerede været inde ved lægen, sammen med faderen. Sagen _kan_ være ufarlig og forbigående, men der er nogle mindre faresignaler, som lægen tager alvorligt. De har derfor taget blodprøver, for at tjekke om der skulle være forandringer i blodlegemernes fordeling.

Der har hele tiden været en nagende tvivl i faderens sind. Sønnen havde symptomer, som kunne være det, som lægen havde kaldt "noget ondt". Det var derfor godt at få tingene undersøgt, men lige nu er det som om, det havde været bedre at leve videre i uvished.

Deres snak er forstummet i ventetiden. Det er som om en bevidsthed, har sænket sig ned over dem som en altoverskyggende stemning. Der går nogle tavse minutter på denne måde, hvor de hver især kigger på deres egen telefons adspredelsesmuligheder."Den voksne søn" er på få sekunder blevet til "min lille dreng" i faderens bevidsthed.

Sproget rækker ikke længere til at ophæve stemningen.

Sønnen sidder uden at kigge på faderen og siger så stille frem for sig, at "det kunne nu alligevel være godt, hvis man ikke skulle dø nu".

Deres blikke mødes kort i øjenkrogen og de smiler ironisk til hinanden.

Håbet oppebærer ironien.

Faderen rækker dybt ned i sin værktøjskasse af uddannelser og livserfaringer for at finde et passende svar. Men svaret findes ikke, så han forfalder til blot at gentage den sætning både han selv og hans egen far før ham har udtalt mange gange i livet.

"Det går nok", siger han og uden at tænke over det lægger han sin arm om sønnen og nusser ham stille på ryggen. De sidder sådan i stilhed i flere minutter.

Kærligheden taler igennem angsten.

Ingen ord og ingen fornuft har en berettigelse her, men kærligheden skinner igennem og giver mening, uanset hvad udfaldet af lægens undersøgelser måtte vise sig at være.

Kunsten at være lige her, lige nu, uden at prøve at ordne det man ikke kan ordne.

Være her sammen. Armen på ryggen binder dem sammen i dette nu. Det kan ingen tage fra dem. Faderen er blevet far igen for en kort stund. Sønnen accepterer velvilligt rollefordelingen i sin afmagt, selv om de begge ved, at faderens afmagt ikke er mindre.

De sidder sådan nogle minutter. Lægen går ind til en praktiserende overlæge for at få dennes vurdering af blodprøverne længere nede ad gangen. De registrerer begge dette. Faderen beder i sit stille sind til, at der ikke vil være 2 læger til stede, når de bliver kaldt ind.

Den unge læge kommer og henter dem. Alle kropssignaler scannes hos lægen. Smiler hun?, er hun alvorlig?, bevæger hun sig hurtigt? Man kan ikke fornemme noget, omend der ikke synes at herske bekymring hos lægen.

De træder ind i konsultationen og lukker døren bag sig. Der er ikke andre tilstede.

"Tallene er fine", siger den unge læge straks, men hvis symptomerne bliver ved, skal I selvfølgelig komme tilbage inden der er gået 10 dage.

De næste par dage bruger de mere tid sammen som familie på at lave simple ting sammen. De lægger telefonen fra sig ind imellem og snakker mere sammen som familie. De spiser sammen og spiller lidt kortspil og brætspil med hinanden. Efter nogle uger overtager hverdagens projekter, men en ting husker de hver især uden at sige det højt.

Lige her, lige nu, giver det mening at være kærlig og lade hjertet tale og lade hjertet herske.

Kunsten at *være* ... modig

Hvornår er man modig?

Traditionelt skildret er man modig, når man er den der går forrest og kæmper imod overmagten med livet som indsats. Når man kaster sig ud i en udfordring, som man er bange for, skal gå galt. Når man satser alt. Når man sætter sig selv over styr. Eller som defineret nogle steder, "mod evnen til at konfrontere angst, frygt, smerte, risiko, usikkerhed og intimidering" i betydningen mental eller moralsk styrke til at handle eller tale i en situation, der kan være til fare eller skade for en selv.

Det at være modig vidner således om en stor grad af beslutsomhed og vilje. Udtrykket at udvise "mandsmod *og* hjerte" vidner om en forestilling om koldblodighed hos den modige.

Kunsten at være modig, i forhold til både den resonans som denne bog kalder på og den form for eksistentiel tryghed der henvises til, skal forstås i en lidt anderledes betydning.

Kunsten at være modig betyder her evnen til at turde se det forhold i øjnene, at vi uanset hvor beslutsomme, koldblodige og impulsive vi end måtte optræde, så er der ikke altid noget, vi kan gøre.

Modet til at erkende at tingene er ude vores hænder.

Modet til at acceptere at vi reelt er magtesløse overfor visse forhold i livet.

Modet til at leve i overensstemmelse med, at "det ér, som det ér".

Ikke i betydningen af at lade stå til eller give op, men i erkendelsen og italesættelsen af at vi ikke kan styre det.

Dette mod kalder verden for tiden på.

Modet til ikke at oprust, hver for sig, men stå sammen, når det syge definerer vores verden og sætter dagsorden. Modet til at genfinde troen på fornuften og det meningsfulde.

Modet til at gøre en reel forskel i form af en reel alternativ livsstil. En alternativ måde at være til på i bevidsthed om alt det man ikke har kontrol over.

En væremåde og holdning som læner sig mere op ad taknemmelighed og håb end den læner sig op ad dominans og tydelighed.

Det er pudsigt når man til en jobsamtale spørger kandidater om hvilken form for leder de gerne vil have, så svarer en overvægt af ansøgere, at de gerne vil have en tydelig leder, som sætter rammen for, hvad der forventes af dem. Men tænk hvis den tydelige leder så sagde, at det der forventedes af dem, det var, at de kan stå i det ukontrollerbare og være i det man ikke kan forudsige, planlægge og forberede. Jeg tror ikke det er den form for tydelighed, der kaldes på. Der kaldes nærmere på den tryghedsskabende tydelighed, der siger noget om hvortil kandidatens ansvar går og hvor ansvaret for noget overtages af andre. Men sagen er jo den, at den tid hvor det gav mening at inddele ansvarsområder på denne måde, den er på en måde ovre. Ansvarsområder går jo ind over hinanden hele tiden og krydser hinanden på tværs af sektioner og faglighed. Vi har jo ansvar for hinanden hele tiden. Måske kunne verden deles sådan ind engang, men det kan den ikke mere. Grænserne er for længst flydt ud. I dag kræver det modet til at erkende dette og stå i det.

Vi kan godt bygge fundamenter og stilladser, som vi kan støtte os til, men Kunsten at være modig er i dag i højere grad et udtryk for evnen til at blive stående i noget vi ikke kan kontrollere, i erkendelsen af at kompleksiteten er blevet for stor, end det er evnen til at opruste, skabe falsk tryghed og gå i krig og overvinde konkrete udfordringer og insistere på at få styr på verden omkring os.

Kunsten at *være* ... modig ... en fortælling.

"Plaster-på-politik"

Da jeg var dreng, fik man plaster på, når noget gjorde ondt. Så skulle det nok gå væk, sagde man. Man puttede ligesom et lag over skrammerne, så man ikke kunne se dem i hvert fald. Hvis det var alvorligt, så fik man først børnejod på, inden man fik plaster på, men så var det også det. Så kunne man simpelthen ikke gøre mere ved det. Men man udråbte ikke livets skrammer til kriser.

Man betragtede smerte som en del af det at være i livet. Noget uundgåeligt.

Man vidste godt, at ingen går igennem livet uden modgang og smerte. Man vidste også, at hvis man passer på hinanden, så kan smerte faktisk godt være med til at modne. I dag har vi maaaaange kriser. Kriser varer lidt længere. Men de kan stadig fikses. Mennesker med magt og penge kan få dem til at gå væk. Deraf udtrykket et "økonomisk plaster".

En krise er et forbigående fænomen, som nogen skal komme og ordne, synes man at tænke i disse år. Det onde skal gå væk.

Hvis jeg var politikker, så ville jeg straks ansætte en 12 – 14 "Minimumskrise-identifikations-Spindoktorer". Jeg ville sikre mig, at der var nogen tæt på mig med blik for en pipeline af potentielle kriser, som jeg til enhver tid kunne hive frem. Kriser der kunne løses med penge selvsagt. Ikke rigtige problemer som man må leve med. Kriser som nogen kunne fjerne, så vi alle kunne ånde lettet op og sige "pyyyhhaaaa". Vi kunne sige "Pyyyhhhaaaa det var godt, der var nogen der tog de grimme onde mink væk". "Det var godt, der var nogen, der tog sig af de der problem-ulve". "Det var godt, vi fik lavet regler for brugen af Ipads i daginstitutionerne". "Det var godt, de der fattigste familier i Danmark, fik det der fattigdomstilskud, så alle kan komme i Djurs sommerland".

Men hvorfor virker denne politiske tilgang?

Det gør det bl. a. fordi bekymringsretorikken og skamfuldhedsretorikken er det sikre og umiddelbart trygge sted.

Alle ved jo, at hvis der er noget på spil mellem to mennesker i samme rum, så er det sikreste for begge parter at finde noget fælles tredje at udskamme eller bekymre sig om sammen. Så sker der i hvert fald ikke noget farligt i virkelighedens problem parterne imellem så længe. Hvis de f.eks. begge godt ved, at de i virkeligheden ikke har mere at snakke med hinanden om, fordi de reelt begge keder sig sammen, så er en lille krise udenfor relationen mere end velkommen. Forestil dig at være en politiker som folket synes var kedelig. Det er der saftsusemig ikke mange stemmer i. Så hellere italesætte eller sågar opfinde en krise, som man ved, man kan løse.

Hvis jeg var politikker – og det bliver jeg aldrig – men hvis jeg var, så "Nej", så ville jeg ikke ansætte nogen "Minimumskrise-identifikations-spindoktorer".

Jeg ville kalde på modet i befolkningen til at leve med, at forholde sig selvstændigt sammen, til at livet fører modgang med sig, men at der som oftest er en mening med det meste, hvis vi vælger at rette vores opmærksomhed imod den. Jeg ville kalde på modet til at lade den enkelte balancere livets udfordringer. Dog ikke alene, men sammen med andre.

Det hjælper ikke at fjerne alle små forhindringer på livets vej og skabe falsk tryghed om at så bliver alt godt til sidst, når alle problemerne er blevet fikset.

Modet til at imødegå livets kompleksitet med et stille smil derimod, det kunne måske skabe plads for en kultur, hvor man turde tale om noget uløseligt, uden at der med det samme var nogen der rejste sig og hentede førstehjælpskassen.

Kunsten at *være* ... kompromisløs.

Hvor længe kan man stirre direkte ind i solens lys uden at blændes? Hvor længe kan man konsekvent leve op til egne regler, om hvordan man skal være overfor andre? Det er nok en illusion at forsøge at leve fejlfrit og konsekvens-etisk gennem et helt liv. Man kan få kvalme af ikke at forsøge og man kan næppe udholde sig selv, hvis ikke man har en i hvert fald tilnærmelsesvis erklæret ambition om at efterleve en vis grad af konsekvens i forhold til egne valg. En energibringende kompromisløshed i forhold til, ikke alene at agere ærligt og ordentligt, men også i forhold til at sige sandheden – også når andre ikke ønsker det. Når man kan se noget, som man ved de fleste andre også ser, men som ingen italesætter. Alle ved det. Ingen siger det. Det kan være den der dårlige stemning, som alle mærker strømme ud fra en enkelt person (det er det Gunnar Ørskov kalder en "surstråler"), som gennemsyrer hele grundstemningen på arbejdspladsen, men ingen stiller spørgsmålet, hvorfor er alle sure?

Det kan også være, når den impulsive i et selskab juleaften, spørger hvad de andre så tænker om konflikten i mellemøsten? Alle ved det findes, men nu skulle vi jo lige hygge os...

Det kan være moderen, der ved at hun burde lade sig skille fra børnenes far, fordi hun slet og ret ikke gider være sammen med ham mere, men venter lidt med at sige det. "Lige nu" er der bare så meget. Det at vente kan også være et udtryk for kompromisløshed.

Vi tænker ofte at kompromisløshed handler om at sætte handling bag ordene, men manglende handling kan være lige så kompromisløst og skelsættende.

Men det kan også være på et andet niveau. Det kan være i form af at italesætte kollektivt samfundsmæssige illusioner om, at optrapning af missilforsvarssystemer reelt kan medvirke til konfliktnedtrapning.

(Det er her, man kan blive i tvivl om, hvor lidt og hvor meget D. Trump egentligt har erkendt om sammenhængene i verden og i mennesker, men det er en anden snak).

Det kan være i form af CO2 regnskaber, der gør rede for, at hvis blot vi inden 2050 har minimeret udledning, så er vi på rette vej. Forstå dette ret, selvfølgelig skal vi tilstræbe at udlede mindre, men illusionen består i, at vi bilder os selv ind med tal og regnskaber og grafer, at vi kan styre og overskue konsekvenserne af, hvordan vi lever på jorden, velvidende at store dele af jordens menneskelige befolkning hverken ejer begreb om, hvad de/vi laver og hvilken konsekvens deres/vores handling har på miljøet eller om de/vi i virkeligheden har nogen reel intention om at ændre adfærd, når det kommer til stykket.

Jordkloden er formentlig ved at gå i stykker, men vi vil ikke sige det højt.

Det måske mest pudsige eksempel er erkendelsen af, at penge ingen reel værdi har. Den eneste reelle værdi penge har, det er jo den funktion de tjener.

Uden penge ingen ejendomsværdi. Uden ejendomsværdi ingen ejendomsret. Uden ejendomsret ingen balance. Uden balance ingen tryghed.

Dette er pengenes reelle funktion. De opretholder et system. Et konventionelt system som alle jo godt ved, er en illusion. Vi kunne afskaffe penge lige her og lige nu, uden at nogen ville blive syge, sulte eller dø af det. Men vi bilder os selv ind, at penge er en nødvendighed, fordi dette opretholder en tryghedsskabende balance. Kapitalisme som styreform eller paradigme er jo historisk set i virkeligheden ikke så gammelt. Der findes andre måder at leve sammen på. Men vi har næsten glemt det.

Kunsten at være kompromisløs består i evnen til at trække vejret frit og erkende, udtale, udlægge og udleve livet, sådan som det rent faktisk opleves i en ufortyndet udgave. Uden skin, uden omsvøb og uden at være iklædt illusionens beskyttende skær. Men Kunsten at være kompromisløs består i lige så høj grad i erkendelsen af, at det ikke lader sig gøre at leve uden illusionens beskyttende kappe uden at gå til grunde, for hvor længe kan et menneske stirre direkte ind i solens stråler uden at blændes? Det er Nietzsches "Götzen-Dämmerung" overfor G. E. Moores "Defence of Common Sense".

Kunsten at *være* ... kompromisløs – en fortælling

"Der er en snegl, som bevæger sig fremad på den skarpe side af bladet på en barberkniv. På langs af selve knivsæggen skubber den sig fremad. Det er ubetinget en livsfarlig færd. Bladet bør i princippet skære hul i dens bløde bug ved selv den mindste bevægelse". (Nogen vil genkende billedet fra den aldrende reciterende Oberst Kurtz, som nok har stirret lige lovlig længe direkte ind i solens stråler i "Apocolypse Now").

Der vandrer en ensom ung mand på kanten af en bjergtinde. Der er så smalt, at man med lethed kan skride ud og flade ned i afgrunden på begge sider af bjergtinden. Men han kan ikke vende om. Der er for smalt til at lave en vending. Måske bliver der lidt bredere lidt længere fremme.

Længere fremme står der en ung kvinde og stirrer ned i en afgrund. Hun træder lidt længere ud på afsatsen for bedre at kunne fornemme afgrundens dyb. Hvor længe mon man kan stirre ned i en afgrund, før den stirrer tilbage og opsluger en helt? Hun vakler og hun svimler. Dybets tiltrækning er dybt tiltalende. Svimmelheden er livsbefriende. Livet på kanten bærer på en slags egentlighed, som tillokker selv den mest konservative.

Hun befinder sig i en slags bedøvet tilstand. Hendes ben summer på en behagelig måde. Hun er høj af selve livet, her hvor hun står og stirrer direkte ned i dødens mulighed. Både hun selv og noget udefrakommende ville kunne definere hendes skæbne og drage eller puffe hende ud over kanten.

Den unge mand ser hende og bevæger sig instinktivt hurtigere hen imod hende. Men hvad ville være det mest kompromisløse at gøre her?

Han bevæger sig nu stille derhen og lader hende selv træffe sit valg. Hun kan have sine grunde, til at vælge som hun vil. Han siger intet, men han forlader hende heller ikke. Han bliver stående lige ved siden af hende.

Hun troede hun var alene i verden. Det var hun ikke. Hun var alene med sin oplevelse af at være alene i verden. Hun fornemmer det uegennyttige i hans måde at bære ansvaret for tilværelsen på. Hun registrerer stemningen af, at han godt ved, at han vil skulle leve med det resten af livet, hvis hun springer. Han holder det ud.

Hun åbner sig og drejer sig forsigtigt rundt om sin egen akse. Hun ved ikke, om hun ønsker at falde, men hun ønsker at forblive åben og hun ønsker ikke længere at være alene.

Hun ønsker kompromisløst at lade sig forblive uendeligt sårbar overfor muligheden.

Anden del

Kunsten at *være* ... resonant.

Resonans betyder genklang eller genlyd og kommer af begreberne re (gen) og sonare (lyd).

Resonans i denne bogs sammenhæng handler således om de forhold, hvor der opstår genklang mellem subjektet og dets livsverden, herunder også de andre. Altså der hvor der opstår en oplevelse af at man som menneske er på samme frekvens, som sin omverden og samtid. En oplevelse som kan beskrives som en tilstand af at "høre til" og "hænge sammen" med verden, sammen med andre mennesker.

Kunsten at være resonant omhandler evnen til forståelsen af og påmindelsen om nødvendigheden af sammenhæng mellem en selv, andre og verden.

En evne som er voldsomt udfordret i vores tid.

Uden forbindelse til og genklang med noget andet end en selv er der intet forhold og uden forhold er der ingen sammenhæng. Uden sammenhæng mangler der noget i forhold til at opleve og skabe mening og uden mening møder vi andre, verden og os selv som og med tomhed.

Dette kapitel er ikke overraskende stærkt inspireret af Hartmut Rosas bog "Resonans", som er en bog om menneskets forhold til verden.

Rosas teori bygger på antagelsen om, at når mængderne af tilgængelig viden, inputs og erfaringsopsamlinger er stadigt stigende og til stadighed er blevet optimeret i sin formulerede form, således at det er lettere at indoptage for mennesket og når vidensmængden samtidigt hermed tilgår i et stadigt højere tempo, så vil belastningen på vores sind/hjernekapacitet naturligvis være stigende.

Hvis det samtidig kan påvises, at hjernen/sindet ved denne automatiske tillæring hele tiden bliver "bedre" til at indoptage information hurtigere og i større mængder, så er det ikke overraskende, at så mange mærker et begyndende sammenbrud.

De øgede identificerede tilfælde af oplevelser af angst og stress hos børn er således ikke overraskende. Børn født efter 1990 er født ind i en informations-selvfølgelig tilværelse. Samtidigt hermed har de ikke lært at tænke i traditionel forstand. Tænkning har skiftet betydning fra at tænke til at beregne. "Der er tal på alt" hedder en nutidig bog. "Ja" det er der og dette er netop sygdommen.

Vi er nødt til at lære at tænke igen for på ny at kunne blive herrer i eget sind. Hvis logikken for børn og unge alene er, at man for at løse belastning på eget sind sætter tempoet op, beregner belastninger, optimerer, strukturerer og reorganiserer, så kommer de ikke ud af den spiral af belastning, som de søger at "opløse". De bliver blot et optimeret produkt af selvsamme logik. Medicinen vi tager, svarer til at drikke kaffe, når vi er dødtrætte, i stedet for at tilbyde systemet det, som det i virkeligheden har brug for, nemlig at sove. Vi påfører os selv teknik i stedet for viden, beregning i stedet for tænkning, nytte i stedet for mening, rigtighed i stedet for sandhed, kommunikation i stedet for samtale og oplevelser i stedet for kunst.

For at leve igen, i sammenhæng med verden, må vi lære at lære på ny. Denne læren kan anskueliggøres med flg. Model.

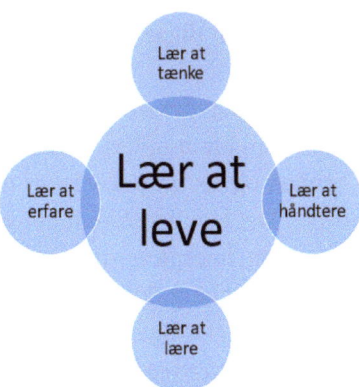

Resonans er således i denne sammenhæng et udtryk, for det der sker, når vi oplever genklang i forhold til at være i verden. Verdensforholdet bliver her centralt. Kunsten at være resonant omhandler således evnen til at forstå sig selv i forhold til noget andet til forskel fra alene at tilstræbe at være eller blive sig selv. I modsætning til udtrykket at blive den bedste udgave af sig selv, som primært tager afsæt i eget selvbillede, defineres evnen til at være resonant i højere grad, som et forhold der defineres ved at forstå sig selv som *sat* i verden og i forhold til verden. Vi er altid allerede i verden. Vi kan ikke forstå os selv alene som et projekt for selvudvikling. Først i forhold til noget andet (f.eks.*verden*) opstår muligheden for den oplevede genklang med noget andet.

Muligheden for at lade en frekvens eller en vibration (en "vibe" ville nogen nok kalde det i dag) vise sig for en og skinne igennem og trænge ind i ens univers, udgør en anden åbning i forhold til at være og forstå sig selv, andre og verden end når vi starter sætninger med ordene "jeg føler at ...".

Det er i øvrigt et voldsomt ansvar, man tager på sig, når ens følelse udgør det primære erkendelsesgrundlag for erfaringen af livet/virkeligheden.

Kunsten at være resonant udtrykker dermed en evne til at stille sig åben overfor det andet. Der er selvsagt en sårbarhed i denne position, fordi man erkender, at der findes noget andet i verden, som man må lade være, nemlig strømme af energi om man vil eller i hvert fald stemninger, som tilgår én i verden og som man netop ikke er herre over.

Kunsten at være resonant betyder således også, evnen til at stille sig åben overfor muligheden for at opleve genklang eller samklang mellem det verden bringer og det man selv læser ind i væren. Rækkefølgen er underordnet. Det kan ligeså godt opleves, som om man gør noget eller oplever noget, hvorpå verden svarer. Pointen er blot, at der opstår et øjeblik af genklang. Et øjeblik hvor man sætter sig selv i et forhold til noget andet end sig selv. Man oplever, at man momentant ikke er fremmedgjort fra verden. Man hører til det meningens hjemsted, man befinder sig i, netop her og netop nu.

Muligheden består altså i at bringe sig selv i en tilstand af åbenhed på konkrete steder i livet og i verden, hvor sandsynligheden for at verden svarer, med overvejende sandsynlighed vil være til stede.

Kunsten at være resonant er derfor altid delvist ude af ens hænder.

Man kan bringe sig i position og man kan forsøge at stille sig åben. Men oplevelsen af at være afstemt med verden og andre er man ikke selv alene herre over.

Resonans er derfor et modsvar til fremmedgjorthed og ensomhed, fordi den rummer erfaringen af sammenhæng.

Grunden til at denne evne eller kunst er særligt interessant, er fordi den ikke er afhængig af materiel rigdom eller social status. Kunsten at være resonant er universel og tidsløs om end ude af kontrol.

Behovet for at italesætte og påminde om evnen til at være resonant er yderst aktuel i en tid hvor vores verdensorden er ekstremt udfordret og hvor accelerationssamfundet har medført en stadig højere grad af fremmedgjorthedsfølelse hos et stigende antal individer i verden.

Lad os anskue det ud fra et par eksempler.

1.

Laila er en 49 årig veltrænet yogalærer. Hun har taget alverdens kurser og været på et hav af retreats med mange dygtige lærere i selskab med ligesindede studerende. Hun har fulgt en åndelig vejleder gennem en årrække og er et godt sted i livet med en sund work/life balance. Hun bor alene, er fraskilt, har to voksne børn og en hund, som hun holder af at gå lange ture med ved havet, hvor hun bor. Hun er trænet i at trække vejret dybt ned i maven og er sund og rask. Hun mangler ikke noget og er ikke presset eller stresset. Hun kan ind imellem føle sig en smule ensom i andres selskab og føle at verden er hende fremmed. Hun holder af at sidde ved havet og se solen gå ned, så i aften, når vinden har lagt sig, vil hun gå derned og mærke verden og naturen og freden og lade sig indhylle i øjeblikket.

Laila kører hjem fra arbejde. Trafikken er præget af stress og travlhed, men der er ikke ret langt hjem nu, så det vil hun ikke lade sig påvirke af. Hun kommer hjem, får spist lidt og laver en kande te og tager et tæppe med under armen. Skulle hun alligevel tage hunden med ned til havet? Den kigger på hende med de der øjne.

Men nej ikke i dag. Lige i dag vil hun være sig selv i mødet med verden, aftensolen, havet, lydene og duften.

En kort gåtur gennem klitterne og så er hun der. Hun kender et perfekt "spot", hvor der er mest læ for vinden men stadig med udsigt over havet. Hun sætter sig, men forstyrres af et par tanglopper, som insisterer på at sidde på hendes ankel. Nå pyt tænker hun og vifter dem væk. Det skal ikke forstyrre hendes aften. Hun sætter sig til rette og dækker sine ankler med den del af tæppet, som hun ikke sidder på. Perfekt! Nu kan tanglopperne ikke komme ind til hendes bare hud. Hun trækker vejret dybt 12 gange efter hinanden og mærker straks den beroligende effekt af at komme "ned i kroppen". Ud af hovedet og ned i kroppen, tænker hun for sig selv og sender en venlig tanke til en underviser fra Samsø, hun kendte engang, som i øvrigt ikke havde været helt uden skyld i, at hun blev skilt fra sin daværende mand, men det var en anden historie. "Nå hov", nu stak tankerne af igen, tilbage til en tid hun ikke skulle genbesøge lige nu, kan hun mærke.

Hun ryster hoved og overkrop lidt for at komme tilbage til nuet og ud af fortiden.

Tæppet er ligesom lidt for kort til både at dække skuldre og ankler, nu hvor vinden er blevet en smule køligere. Nå pyt. Hun skal da have noget varm te. Det er dejligt med den varme te. Hun smiler, kigger på solens aftenstråler, som afspejles i havet og trækker vejret dybt på ny. Hun ved ikke helt, hvor mange gange hun gentager de dybe vejrtrækninger. Solen er der, havet er der, teen er der, tæppet er der. Perfekte omstændigheder. Alt er rigtigt, men det er godt nok mange timer, den har været alene hjemme i dag, hunden. Den må trænge til at komme ud. En følelse af vemod stemmer kortvarigt ind. Et savn til noget hun ikke ved hvad er. En længsel efter noget hun aldrig har haft. En oplevet tomhed i forhold til at være til, i egentlig forstand. Hun er også ved at være træt.

2.

Yashin er en russisk mand på 56 år. Han sidder i en fangelejr i Østtyskland i april måned 1944. Han har siddet i lejren i næsten 2 år. Fangevogterne er lidt apatiske i forsommervarmen. Alle er desillusionerede. Alle har mistet. Deres hjem, deres kære, børn, koner og forældre. Enhver i lejren har sin egen historie. Ingen er kommet igennem krigens rædsler uden tab og afsavn. Hverken russere eller tyskere. Der hersker et had imellem dem, men også en form for forsonlig forståelse. Ikke tilgivelse måske, men dog en slags forståelse. Yashin står sammen med en lille flok medfanger. Altid søg hen i klyngerne. "Aldrig stå alene", havde en af de ældre fanger lært ham, en af de første dage han havde været i lejren. Dagligt dør folk rundt omkring. Nogle af sult, flere af sorg. Sorgen og smerten kan ingen fjerne fra bevidstheden. Hans måske stærkeste ven Aron døde for nogle måneder siden. Han var et fysisk pragteksemplar, som ikke udviste fysiske svaghedstegn på samme måde som de fleste andre, men han mistede sin fornemmelse for sammenhæng.

I går skød en vagt sig selv lige foran fangerne. Han havde fået besked om, at hans lillebror var faldet i krigen. Kort tid efter førtes 12 fanger symbolsk væk fra lejren. Ingen havde set dem siden. Alt var frygteligt.

Lige nu er der stille. Yashin står i gruppen af mænd. Solen varmer. Han skuler skråt op foran sig. Langt borte, højt oppe på himlen, flyver en rovfugl majestætisk rundt i cirkler. I et splitsekund vidner verden om tidens forgængelighed og livets uforgængelighed. Dens forfædre var der før menneskene. Dens efterfølgere vil måske være der efter dem. Et glimt af evighed på en blå himmel. En større sammenhæng. Et momentant strejf af meningsfuldhed. En grund til at håbe på bedre tider. Lige nu, lige her.

Kunsten at være resonant er voldsomt udfordret, af det nok mest tidstypiske træk vi er bekendt med, nemlig accelerationssamfundets forøgelseslogik.

Vi lever i en tid, hvor vækstlogikken er så dybt indlejret, at vi uden at registrere det automatisk antager at løsningen ligger i muligheden.

Muligheden for at gøre mere og gøre det hurtigere. Det som ikke fungerer eller står i vejen, skal gå væk og måden at få det væk på, er at skynde sig at udvikle noget, som kan få det væk og kurere det uhensigtsmæssige.

Men forøgelseslogikken kommer med en pris. Accelerationen skaber en eksistentiel afgrund mellem mennesker indbyrdes og især imellem menneske og verden. Verden forstummer for det menneske som til stadighed har travlt med at halse efter, i forsøget på at udvikle sig ud af en kompleksitet som udviklingen selv er med til at forøge.

Løsningerne bliver hurtigere og mere effektive, men den tid vi "effektivt" vinder, er mindre end den kompleksitet af nye muligheder, der herved samtidig skabes. Det er lidt ligesom erkendelsen af, at "jo mere man ved, des mere ved man, at man ikke ved".

Vi kan reelt ikke indhente tiden længere indenfor dette accelerationsparadigme.

Nogen er nødt til at stoppe op!

Evnen og modet til at møde verden og andre mennesker resonant vil blive den største kapital for den enkelte selv, samfundet og arbejdsgivere i fremtiden. Mennesker som kan og tør insistere på at træde ud af accelerationen, udviklingen og forøgelsen, vil komme i høj kurs.

Mange har bare ingen interesse i at se dette i øjnene, for der er så meget profit i at bevare det nuværende paradigme. Men det vil ændre sig. Når en fodboldspiller kan koste 1 milliard, så kan enhver, som vil erkende det, sige sig selv at penge har mistet deres reelle værdi. Og penge er den kapital, vi gør alting op i. Men det bliver komisk, når beløb bliver så astronomiske, at vi faktisk ikke engang har den kognitive kapacitet til at forstå, hvor store summer vi taler om. Den væsentligste grund til at kapitalismen fortsat hersker, er den grundlæggende frygt for, hvad der skal ske, hvis ikke vi har et fælles udtryk for værdifuldhed længere.

Denne frygt svarer lidt til, at man deltager i en krig ved at levere materiale eller penge til materiale. Der er, med andre ord, mennesker der dør, af de penge man støtter med, men vi er kommet så langt på afstand af de reelle konsekvenser, at vi slipper for at mærke verden og andre mennesker.

Verden forstummer.

Kunsten at være resonant bliver derfor en uvurderlig ressource, i forhold til at imødegå den tiltagende fremmedgørelsesfølelse som hersker i verden. En følelse som har uoverskuelige konsekvenser for vores samfund i form af stigende stress, angst og diagnosticering. Diagnosticering er i sig selv et udtryk for selvsamme accelerations- og forøgelseslogik.

Den er et udtryk for et forsøg på at klassificere, kontrollere og kategorisere, det vi ikke har kontrol over.

Kunsten at være resonant modsvarer denne grundlæggende usunde præmis. Medicin derimod medvirker til opretholdelse af selve grundtænkningen bag diagnoserne og samfundssygdommene. (Og "Nej", det hævdes **ikke**, at vi skal holde op med at medicinere).

Kunsten at stoppe op og lytte til genklangen i tilværelsen, når verden, trods alt, svarer.

Dette er medicinen.

Evnen til at træde ud af hamsterhjulet og få øje på den større sammenhæng. Evnen til at få øje på den meningsfuldhed, som er større end den aktuelle travlhed. Heri ligger muligheden for at komme tilbage til kontakten med dét, som altid allerede er der i forvejen.

Tilbage til en *sammenhæng*, i form af påmindelsen om altings forgængelighed og livets uforgængelighed i den cirkulerende rytme, denne sammenhæng bevæger sig i.

Kunsten at være resonant er således ikke et udtryk for evnen til at leve et tilbagetrukket, langsomt eller stille liv. Det er snarere et udtryk for evnen til at leve et afstemt liv i verden.

En afstemthed som først og fremmest betinges af evnen til at lytte på ny. Lytte til det som tilgår én uden at være ved at bruge det til noget eller forme det med henblik på at udnytte det i en anden sammenhæng. Denne grundliggende evne vil kunne bryde med illusionen om at vækste sig ud af problemer. Den vil kunne neutralisere udtryk som "hvis ikke man er under udvikling, er man under afvikling", for hvad nytter det at vi udvikler os, hvis vi udvikler os tættere og tættere hen imod en afgrundsdyb fremmedhed.

Er man under konstant udvikling, vil man ofte tillige være defineret ved at være i gang med at overleve og hvad nytter det at vi hele tiden overlever, hvis vi aldrig når hen til at leve.

Livet som værdi er en faktor, som skal gen-implementeres imellem mennesket og verden, hvis der skal genskabes sammenhæng. Livet i form af erkendelsen af hvorfor vi overhovedet gør, det vi gør. Nemlig for at leve og føle os levende.

Kunsten at være resonant er således et udtryk for at være i stand til at stille sig åben overfor den iboende genklang i erfaringen af, når verden svarer.

Kunsten at *være* ... leder

Kunsten at være leder skal ligesom resten af bogen forstås som en måde at *være* noget på. Det er vigtigt at forstå, at det er en måde at tænke og erkende på, der kan ligge til grund for ledelse, hvis man skal lykkes som leder i dag. Det er måden, man tilgår ledelse på, der danner fundamentet for, om man i længden kan holde til at lede.

Hvorfor løb vi, vi ku ha gået hele vejen, som Peter Sommer synger.

Bevidstheden om måden vi leder på, dén er værd at genbesøge. Måden vi leder på, sammen med andre, i et miljø som er funderet i en respektfuld kultur, som vi kan være stolte af.

En måde at genbesøge dette på kan være ved at se på det, som her kaldes "Resonant ledelse".

Resonant ledelse

Resonant ledelse, hvorfor?

Hvorfor ikke organisationsledelse, forandringsledelse, strategisk ledelse eller ledelse af medarbejdere, som jo alle er gode og relevante vinkler på, hvordan man lykkes som leder.

Det er fordi, der mangler noget.

Der mangler dét, der konstituerer meningen. Det der understøtter, selve det, der giver mening med ledelse.

Man kan tage afsæt i arbejdsmiljøet, en bestemt metode eller i hvad der giver mening for medarbejdere, kunder eller organisationen, men hvis selve grundlaget for ledelse ikke skinner igennem i selve ledelsestilgangen, så vil der mangle noget. Der vil mangle afstemning og samstemning. Hvis tom ledelse er udfordringen, så er resonant ledelse måske modsvaret.

Alene igennem de seneste måneder har jeg i mit nærmeste netværk oplevet, at 4 dygtige ledere er brændt ud. De er blevet syge af stress og har måttet opgive deres lederskab. Det er let at forfalde til, at pege på hvad der er galt med samfundet, arbejdsmiljøet og de krav der stilles til ledere i dag, men dette er ikke mit ærinde. Intentionen her er mere at pege på, hvordan man med mening, kan drage omsorg for sig selv og andre og afgrænse sig, samtidig med at man kan holde til at forblive leder.

Resonant ledelse, hvad er det?

Resonant ledelse er en tilgang. Det er ikke en metode. Det er ikke en udtømmende liste af redskaber, som man kan lære udenad og bedrive som disciplin. Det er en tilgang og det er en måde at være på. En måde at være på overfor andre og overfor sig selv. Resonant ledelse er evnen og modet til at være åben og sårbar i forhold til det faktum, at ledelse, ligesom livet og tilværelsen, ikke fuldt ud kan kontrolleres. Der vil altid være et overskydende element af noget ukontrollerbart tilbage. Noget som man ikke kan besidde, opnå kontrol over, analysere og disponere over eller organisere sig ud af.

Hvis vi følger den iboende logik som vores samfund i dag er bygget op omkring, så vil vi oftest starte med at lave en ny strategi, som rummer det ukontrollable (Selv i forhold til de såkaldte *vilde problemer*). Vi vil forsøge at skitsere alle udfordringer og vækste os ud af dem i form af stilladsering, øget tempo, øgede kompetencer, ny viden og bedre metoder. Men vi ved godt, hvis vi vil erkende det, at med flere metoder, mere vækst og højere acceleration kommer øget kompleksitet, muligheder og udfordringer.

Vi forsøger at bremse toget med strategier og tiltag, men forlænger samtidigt automatisk længden af skinnerne og antallet af skiftespor.

Forbedringsmulighederne, optimeringsmulighederne og vækstmulighederne er uendelige.

Vi når aldrig i mål. Der er ingen endestation.

Så vi er nødt til at gøre noget andet for at passe på os selv, vores organisation og andre.

Resonant ledelse er et forståelsesanliggende. Det er en måde at være leder på, samtidig med at man er tro imod at være sig selv som menneske, uden at bilde sig ind at man har styr på alt.

Lad os se på nogle eksempler:

"Hvis ikke vi er i udvikling, så er vi under afvikling".

Sætningen forplanter sig straks i bestyrelsesrummet og sætter en stemning af træthed. Man kan umiddelbart fornemme trætheden i rummet. Skal vi nu til noget mere? Har alle ikke allerede nok at se til?

Men ingen udfordrer præmissen, for hvem vil overhales indenom?

Hvem vil være den kedelige i flokken, som siger, at det er godt nok, som det er. Al historik bevidner, at den der ikke udvikler sig, han sakker bagud. Der udarbejdes en ny udviklingsstrategi og de fleste af opgaverne der følger med, de falder tilbage på den daglige leder, som selvfølgelig har lov til at uddelegere. Men til hvem? Alle har jo travlt i forvejen, så lederen vælger at skrive sit eget navn på de fleste af opgaverne. Man må jo bare finde tiden. Hvad for en tid? spørger en velmenende kollega dagen efter, da lederen fortæller om situationen.

Problemet er principielt ikke at finde tiden. Tiden er der. Den har altid været der og den vil altid være der.

Kunsten er at få øje på muligheden i et nyt perspektiv.

Muligheden består i, hvordan man som leder begriber tiden. Forskellen består i, om man taler om tiden i dag, i morgen, denne uge, måned eller kalenderår *eller* om tiden som livstid. Som den tid man ikke er herre over, som man ikke kan kontrollere i forhold til hvilken man er prisgivet og blot har fået i gave.

Gør man det, så kan man **vælge** at bruge tiden på noget i et andet perspektiv.

Ikke alene for at *vækste* og skabe udvikling eller for at undgå afvikling. For den bevægelse er som antydet uendelig. Den vil med tiden, for de fleste, resultere i en oplevelse af tomhed. For vi kan altid gøre det bedre næste år, næste gang, etc. Men også for at *leve*. For det giver mening.

Resonant ledelse som en tilgang bliver her et alternativ.

En mulighed.

En mulighed for at leve og udleve ledelse og bryde med en mere traditionel tilgang til ledelse. En mulighed for at "ophøre" med at eskalere automatisk. Høre op, som det hedder rent sprogligt i betydningen at "stoppe", men samtidig med henvisning til at "høre mere efter", hvordan man egentlig vil være. Det at høre efter kalder på en tilgang eller en forståelse af at lytte mere.

Resonant ledelse er lyttende ledelse.

Det er evnen til at lytte mere til andre, til verden og til mulighederne. Muligheden for nysgerrigt at stille sig åben overfor det man ikke kan kontrollere og lade det komme til syne. Lade det skinne igennem. Resonant ledelse er at minde sig selv og andre om, at der altid allerede er noget andet i verden end en selv. Ved at lytte mere til andre, verden og til sig selv skinner der i ens ledelsestilgang en sammenhæng igennem. En sammenhæng mellem noget som er forskelligt fra hinanden og som komplimenterer hinanden. En forskellighed og en helhed som netop ikke er tom og som ikke alene stræber imod at udvikle, skabe noget nyt, noget større noget bedre.

Så i forhold til selve præmissen ville den resonante leder stille sig nysgerrig og lyttende i forhold til udsagnet "hvis ikke vi er i udvikling, så er vi under afvikling", men vedkommende ville ikke nødvendigvis automatisk handle på præmissen. Den tryghed, der ville ligge i straks at lave en handleplan, ville man som resonant leder tilgå med samme nysgerrighed og lytte til grundene til den, men derfor ville man ikke nødvendigvis føle sig forpligtet til at efterkomme denne trygheds længsel.

Resonant ledelse er at stille sig lyttende til rådighed. Det er en karismatisk væremåde. Det er evnen til at lade sig blive levende på ny, blive rørt og blive grebet af tilværelsen uden at bilde sig ind, at man ikke er sårbar. Det er modet til at turde stoppe op og ikke automatisk antage eller handle på, at man er under afvikling, hvis ikke man er i udvikling.

"Tillid er godt, men kontrol er bedre".

Man foranlediges til at lede efter dette princip. Så har man styr på det og andre kan stole på én. Det er det mest sikre. Man laver ikke fejl og man kan redegøre for tingene. Hvis der så opstår fejl alligevel, så kan man jo bare kontrollere bedre eller lægge noget egenkontrol ind. Ellers må man få nogen udefra til det, så det bliver mere systematisk og struktureret og så kontrollen bliver uvildig. Man kan også teste kvaliteten af kontrollen og måske ophøje den til en certificering, så man kan dokumentere kvaliteten af kontrollen, af det der skal kontrolleres. Hvis ikke der findes en tilstrækkelig kvalificeret model for kontrol i landet, kan man måske lade sig kontrollere efter nogle internationale standarder eller nogle EU-direktiver.

Problemet er bare, at det aldrig holder op. Selv det mest ophøjede kategoriske imperativ for kontrol kan altid optimeres. Vi giver os selv mere og mere travlhed.

Vi accelererer og acceleration medfører fusion, som medfører ophedethed, som kan resultere i udbrændthed.

Dette er selvfølgelig lidt karikeret stillet op, men at optimere kontrol uendeligt det fremkalder samme følelse af tomhed som tidligere antydet. Der er brug for noget andet. Noget der minder os om, at der er noget andet præsent. Noget som minder os om, hvorfor vi overhovedet ønsker at gøre det godt.

Hvis uendelig kontrol er problemet, er resonant ledelse måske svaret.

Resonant ledelse i form af en tillidsfuld ledelsestilgang. En måde at være leder på som er baseret på tillid, fordi kontrol ikke er en reelt rummelig mulighed, fordi den er uendelig. En ledelsestilgang som bygger på erkendelsen af, at vi slet ikke ville kunne overleve, hvis ikke vi i udgangspunktet altid allerede havde tillid til hinanden. Selv den simpleste lille anmodning til en medarbejder om at udføre det ene eller det andet det bygger jo altid allerede på tilliden til den andens intention.

Betyder det så, at man altid kan stole på andre? På ingen måde.

Det er en tilgang.

Det betyder, at det ikke giver mening ikke at udvise tillid til andre, ligesom det ikke giver mening som leder at give medarbejdere *lov til noget*, fremfor at give dem *frihed til noget*.

Resonant ledelse i form af at udvise tillid er et udtryk for en erkendelse af, at den tomhed som mistillid og kontrol automatisk medfører, på ingen måde inviterer til følgeskab, for hvis ens leder ikke stoler på en, så bliver det i bedste fald ligegyldigt at leve op til vedkommendes forventninger.

Men det kræver mod at lede tillidsfuldt. Nogle gange vil det sågar koste dig dit lederskab, men du bevarer dog dig selv. Når alt sejler og intet lykkes og du også selv fejler, så vil tilliden til dig selv og dit forhold til andre, verden og tilværelsen på samme måde være dit eneste reelle sikkerhedsnet. Som selvledende vil du ikke opnå en bedre nattesøvn, ved at gennemgå samtlige scenarier for hvornår noget gik galt og om det var din eller andres skyld.

Du falder i søvn, når du tør tro på og have tillid til, at det du gjorde, det gjorde du ud fra de bedste intentioner på det givne tidspunkt. Kan du have tillid til dette, vil du med en resonant ledelsestilgang tillige kunne inspirere andre til at følge dig. Du vil måske tillige turde afgrænse dig, fordi du har tillid til, at du gør dit bedste og derved forebygge at lederskabet eller det du tror er andres forventninger til dig, det overtager dig, i stedet for at du tager lederskabet på dig i tiltro til at det er godt nok, det du gør, uanset hvad du tror andre tænker om det.

"Du kan ikke bestemme, hvad jeg skal føle".

En yngre medarbejder tager rummet med sætningen "Du kan ikke bestemme, hvad jeg skal føle". Den tydelige og lidt ældre leder svarer, "jo det kan jeg faktisk godt, så længe du er på arbejde og jeg kan i hvert fald bestemme, om du skal tale så meget om hvad du føler, mens du er på arbejde". Men dagen efter siger en anden ung kollega "jamen jeg kan altså bare mærke at ..." og lederen kommer på arbejde igen. Senere på ugen sygemelder en medarbejder sig pga. mistrivsel i privatlivet og lederen skal på ny sortere i om sagen har noget med arbejdet at gøre eller om man kan blive nødt til at opsige vedkommende. Den tydelige leder må træffe endnu en beslutning. En fjerdedel af medarbejderne vil gerne ned i tid, men det passer ikke med de behov kunderne har og der skal handles ledelsesmæssigt. En vil gerne have orlov for 3. gang og en anden har en syg far, som vedkommende gerne vil tage en værdig afsked med.

Listen og kompleksiteten er uendellig og løsningerne ligeså. Der kan laves flere aftaler lokalt, om hvem der har ret til hvad. Overenskomsten kan forbedres. Der kan arbejdes med trivsel, forråelse, psykologisk tryghed og arbejdsmiljø. Der kan tildeles psykologtimer og supervision. Der kan holdes trivselssamtaler, forebyggelsessamtaler, feedbacksamtaler og mus-samtaler. Der kan rammesættes i det uendelige, men du kommer aldrig i mål. Der vil altid opstå nye uforudsete udfordringer, som ingen overhovedet havde kunnet forestille sig kunne blive et ledelsesanliggende. Måske fandtes sætningen "jeg føler at ..." slet ikke i forbindelse med ens arbejde for bare 10 år siden.

Dette er jo ikke en ledelseshåndbog. Det er ikke et forsøg på at lære nogen at lede sig selv eller andre. Det er en påmindelse om en mulig tilgang til f.eks. ledelse.

Så hvis uendelig kompleksitet i ledelse er udfordringen, så er resonant ledelse måske svaret.

Resonant ledelse som en tilgang der ikke har til formål at vurdere ledelse eller skabe en ny og bedre model for ledelse, men en tilgang som har til formål at bidrage til, at ledere kan holde til at være ledere. For ledere er der faktisk brug for.

Resonant ledelse ville i denne sammenhæng bestå i at have blik for at få stemmerne til at samstemme. En tilgang og en bevidsthed om at insistere på at ville skabe grundlag for at "ville noget", som andre vil være med til og hvor man bevarer respekten for sig selv og andre.

En samstemmende tilgang, hvor man er enige om at give den anden mulighed for at træffe sine valg, føle sine følelser og mærke sine grænser, men i forhold til noget andet end alene sig selv (f.eks. organisationens samlede behov, værdier, mål og vision).

At turde lede i det perspektiv at vi alle altid må forventes at bringe, det som er nødvendigt for den enkelte med ind i det samstemmende mål. Hvis vi kan kende os selv, i *måden vi er sammen om* udfordringerne på, så vil vi have noget fælles, som er større end den enkeltes behov. Et fælles "noget" som vi kan måle vores samarbejdsgrundlag op imod. Kan vi skabe en stemning, af at ville være sammen på en respektfuld måde, så vil noget kunne samstemme og resonans vil kunne opstå.

Det minder lidt om det Maj Bjerre taler om som "Ledelse med for-mål", hvor meningsfuldhed bliver en afgørende faktor for engage-ment og den væsentligste faktor i forhold til at forebygge og hæm-me stress på arbejdspladsen.

På samme måde minder det lidt om, når man hos Mannaz med henvisning til The Enlightened Organization af Catherine Berney taler om at:

Den nye virkelighed, som blandt andet er kendetegnet ved høj omskiftelighed, kræver også nye ledelseskompetencer. Kompeten-cer, som omfatter evnen til at skabe og forsvare mening samt for-mål, at arbejde med relationer og sammenhænge, understøtte for-andring, bruge konflikt som en ressource og at kunne give slip på behovet for at skulle vide alt. Men måske er det, der har størst be-tydning, lederens evner til at skabe parallelle forandringer inden for de to 'gaffelgrene', for på den måde at skabe virkelige fremskridt. Herefter består den ledelsesmæssige opgave i at balancere og justere elementerne inden for hver gaffelgren, så de giver genlyd og er af-stemte med hinanden.

Men det er en ledelseslivsstil at være rollemodel for det samstem-mende og resonansskabende. Det kan ikke skematiseres og ramme-sættes. Det er en måde at være på overfor andre, som er funderet i et livsvalg, man har truffet. Det giver ikke mening at differentiere dette yderligere ned i værdier selvom ordentlighed, gensidighed, respekt osv. Trænger sig på. Det er et livsvalg. Et karismatisk valg som man kan genkende, når det er der.

"Det er ikke i orden".

Som et sidste eksempel for nu, på hvad resonant ledelse er, vil jeg her henvise til oplevelsen af, når man som leder (og menneske) tæn-ker, "det er ikke i orden". Man hører måske sin egen indre stemme sige det eller en kollega eller en overordnet kollega, der udtaler det om ens eget bidrag.

"Det er ikke i orden".

Nej det er det jo ikke, for verden og det vi gør, er jo ikke (længere) i orden. Der hersker ikke orden. Der findes ikke struktur, overblik og orden, på alt det der sker i verden i det tempo det sker i. Der hersker først og fremmest uorden i verden og på arbejdspladsen og i ens egne og andres mønstre. Jeg er selvfølgelig klar over, at det er den moralske dom "det er ikke i orden", der oftest menes med sætningen, men det ændrer principielt ikke på forholdet. Nej, det der foregår, det er som regel ikke i orden, heller ikke i moralsk forstand.

Rolf er ikke ren. Det var Bjarne heller ikke.

Det er et vilkår. Ikke en undtagelse.

Hvis man som leder insisterer på at kæmpe imod dette vilkår, vil man med stor sandsynlighed brænde ud før tid. Det er en tabt kamp. Man er nødt til som leder at henvise sig selv og andre til noget fælles, som er stærkere end at genskabe orden, for det er ikke en mulighed. Du bliver træt før du når i mål og en ny uorden vil vise sig, i det sekund du træder over målstregen.

Det er lidt ligesom, når en der bliver ved med at komme i fængsel, er nødt til at finde en egen-identitet, der er stærkere end det at være kriminel for at komme ud af mønstret. Man kan ikke altid vinde over noget, men man kan nogle gange finde noget, der er stærkere at identificere sig med, end det man taber til.

Så for sidste gang i denne omgang, hvis uordentlighed er et vilkår, så er resonant ledelse måske svaret.

Det er en måde at være til, i forhold til vilkåret, på. En "Lebensform" ville det måske hedde hos Husserl. En "Seinsweise" ville det måske være hos Heidegger.

En evne til at være overbærende og tilgivende i sin måde at lede på. En væremåde som kan bidrage til at samklang og genklang godt kan opstå, selvom det der foregår, ind imellem, faktisk ikke er i orden.

Resonant ledelse, personlige forudsætninger.

Hvis man skulle opsummere lidt, så kan man måske sige at nogle af de personlige forudsætninger for at bedrive resonant ledelse, de består i evnen til:

Accept af afmagt, taknemmelighed, mod til sårbarhed, hjertelighed, selv-afgrænsning, karismatisk udstråling, egenomsorg/

omsorg, overbærenhed, autenticitet, integritet, ærlighed, tillids-
fuldhed og nærvær. Et billede på disse personlige forudsætnin-
ger hos såvel ledere som medarbejdere kan måske anskueliggø-
res i denne model.

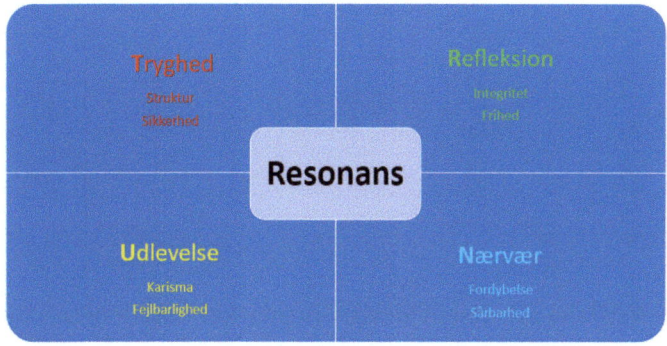

Resonant ledelse, kulturelle forudsætninger.

Det har flere gange været nævnt, at arbejdsmiljøet ikke kan stå ale-
ne i forhold til resonant ledelse. Dette betyder naturligvis ikke, at
det ikke har betydning. Arbejdsmiljøet har en kæmpe betydning, i
forhold til om en resonant tilgang eller ledelsesstil overhovedet er
en mulighed. Men fremfor at redegøre for arbejdsmiljøers psykolo-
giske forudsætninger, som mange andre er bedre til at gøre rede for
end jeg (Se f.eks. Helle Heins glimrende undersøgelser og betragt-
ninger i forhold til at manglende mening eller spænding stresser
studerende på studiet, i højere grad end manglende ligevægt mel-
lem belastning og ressourcer), vil jeg her rette opmærksomheden
imod de kulturelle forudsætninger for resonant ledelse. De kultu-
relle forudsætninger man som leder med fordel kan holde sig be-
vidst for øje, har jeg samlet i nedenstående model, som jeg vil fol-
de lidt ud herunder.

Virksomhedens kultur

Modellen taler vel næsten for sig selv, men kort fortalt udtrykker de fire zoner omkring kulturens kerne, at man f. eks ved at have blik for mission, ramme, sprog og vision holder sig til så væsensnære pejlemærker for ledelse, at man i sin tilgang hjælper sig selv og andre med at huske at ledelse, hvis det skal give mening, er nødt til at være ledelse i forhold til noget andet, ofte en større sammenhæng, end en selv. Ledelse skal for at tage afsæt i noget, der kan bidrage til at skabe spænding, gnitren eller vibration (Resonans) ske med blik for f.eks. kulturens eksistensberettigelse, kerneydelse, sprogbrug og drøm. Kulturafsættet er derfor afgørende for at have en resonant ledelsestilgang, ligesom kulturen henviser en resonant leder til nogle centrale milepæle for ledelse, som kan være med til at fastholde perspektiv og ledelsesstil.

Resonant ledelse, egenomsorg og selvafgrænsning.

Et sidste perspektiv på resonant ledelse, som skal gives en smule mere opmærksomhed, er forholdet til egenomsorg og selvafgrænsning.

For som leder og mellemleder må man kunne drage omsorg for og afgrænse sig selv. Du har måske en bestyrelse, en direktør eller en anden leder, som også "passer på dig", men med det tempo og den kompleksitet der i dag findes inden for ledelse, blandt andet på det sociale område, er du også nødt til selv at kunne tage ansvar for din egenomsorg. Men det kan være svært i en travl hverdag.

Lad os starte med et eksempel, som du måske, kan genkende: Det er november. Det er torsdag eftermiddag. Du har travlt. Du er leder. Du håber, at fredag vil blive lidt mere stille, men allerede nu kan du se, at du er nødt til at lave lidt i aften og måske stå lidt tidligere op i morgen og nå lidt. For så kan du få tid til det, du gerne vil i weekenden.

Det er nu mandag formiddag efter weekenden, og du ser tilbage på en weekend, hvor du igen brugte en del tid på at arbejde, fordi du "var nødt til det".

Det er ikke første gang, dette sker. Det kører bare afsted med dig. Vanens magt. Du har prøvet med samtidens reducerings-logik at skære det usunde fra og lægge telefonen fra dig og slukke computeren og så videre. Det virker ikke. Der er brug for dig, og du er der for dem, der har brug for dig. Der er ingen, der stopper dig.

I en tid, hvor muligheder, opgaver og indtryk tilgår ledere i et så forhøjet tempo, at planlægning og robusthed ikke alene er tilstrækkelige redskaber til at passe på sig selv, er man nødt til også at kunne sige fra i tide, sætte grænser og være i besiddelse af en høj grad af "egen-integritet". Man skal selv kunne finde tilbage til følelsen af det, man kan kalde *"Eksistentiel tryghed"*.

I en tid man med rette kan karakterisere som "Accelerationssamfundet". Et samfund præget af en konstant acceleration af tre områder: teknologisk udvikling, social forandring og tempoet i hverdagslivet. En acceleration som skaber en følelse af tidspres og manglende kontrol, da vi hele tiden skal tilpasse os nye krav og forandringer hurtigere end før.

I en tid hvor resultatet er en oplevelse af tomhed over denne fremmedgørelse, hvor vi nemt mister forbindelsen til vores egne handlinger, omgivelser og relationer.

Hvordan drager du omsorg for dig selv i en sådan tid?

Som resonant leder har du brug for at opleve en form for forbindelse eller samklang med verden omkring dig. En følelse af nærvær og engagement mellem dig om omverdenen, så du ikke blot passivt interagerer med verden. En oplevelse af at "komme tilbage" til det du egentlig ville med ledelse og som leder. Tilbage til det der giver mening.

For en leder kan denne resonans være relationel, fx i forholdet til kolleger, eller mere strukturel og strategisk, men det vigtige er ikke, hvilken type resonans der er tale om. Det afgørende er, at resonans hjælper dig med at føle dig i balance og afstemt med verden, de mennesker du arbejder sammen med og dig selv. Dette er helt centralt for at kunne drage omsorg for dig selv i lederrollen.

Men hvad skal man egentlig *lede efter* i verden for at opleve denne resonans, så man kan drage omsorg for sig selv (og andre) som leder?

Du skal lede efter det, der er så betydningsfuldt og meningsfuldt for dig, at det får dig til at "stoppe op". Det som kan få dig til at høre op med blot at fortsætte i blinde. Det som på ny kan få dig til at lytte og være nysgerrig og derved drage omsorg for- og afgrænse dig og dit selv.

Noget af det man, som resonant leder, kan gøre i forhold til egenomsorg, det er:

- **Skab tryghed:** Genskab mønstre, traditioner eller strukturer, der giver dig ro og stabilitet. Det kan være i form af, at man som leder genbesøger sin strategi, årsplan, organisationstegning og herigennem skaber et overblik, som er med til at understøtte egen tryghed og tillid til sig selv og andre.
- **Lev livet fuldt ud:** Vær fysisk aktiv, rejs eller dyrk kreative interesser, der giver dig energi og glæde. Det kan, som leder, være i form af aktive pauser på møder eller aktiviteter eller individuelle aktiviteter, hvor du kommer "ned i kroppen" med bevægelse, dybe vejrtrækninger eller lignende, så du mærker at du lever gennem kroppen i stedet for alene gennem hovedet.
- **Reflektér:** Brug tid på at få viden, læse, skrive eller have meningsfulde samtaler med andre. Dette kan f.eks. ske igennem ledelsessupervision og i form af konkret at skabe plads i din

kalender til fordybelse og tid til at lære noget nyt, gå på uddannelse eller erfaringsudveksle med andre kolleger.

- **Søg nærvær:** Vær til stede med dem du holder af, oplev naturen, eller søg meditativt eller spirituelt nærvær. Det kan være i form af at lægge en kort gå-tur ind i hverdagen, alene eller sammen med andre, eller arbejde med stilhedspauser på møder eller tage dig i arbejdstiden tid til at sende en kort besked til en du holder af, uden at det nødvendigvis har noget med arbejdet at gøre.

Med bevidstheden om at gøre noget, som er meningsfuldt for den måde, du vil leve og lede på, så giver du dig selv mulighed for at drage omsorg for dig selv som leder og menneske og "komme tilbage" til det du egentlig ville som leder og med ledelse. Eller ultimativt komme frem til at man måske slet ikke skal være leder mere, for der er jo, når det kommer til stykket, ikke ret mange, der er døde af at skifte arbejde, men der til gengæld en del, der er døde af ikke at gøre det i tide.

Ved at træne færdigheden at "rette opmærksomheden mod det meningsfulde" bliver du simpelthen bedre til at drage omsorg for dig selv, sætte rammer for dig selv, få blik for det som er så vigtigt at det kan få dig til at "stoppe op" og lytte til dig selv og andre på ny og derved forblive resonant i din tilgang til ledelse.

Kunsten at være leder – en fortælling.

Der sidder en travl mand i en bil. Han kommer direkte fra et møde og er på vej til det næste. Han har en to-timers køretur foran sig. Der er opkald, der kan nås her i bilen. Han har 3 opkald, som han har gemt til nu. Han ringer, der svares, der aftales, der løses problemer og der fordeles ansvar. Han er god til denne del af sit lederskab. Andet opkald forløber på samme måde. Tredje opkald besvares ikke, men der indtales besked, så bolden er ovre hos den anden igen nu.

Der er gået 10 minutter. Der er nu 1 time og 50 minutter tilbage. Der spises lidt, der drikkes, radioen tændes, der skiftes kanal, radioen slukkes.

Han rækker ligesom i søvne ud efter telefonen. Der ringes op til èn, han længe burde have ringet til. Denne svarer ikke. Han prøver en anden, som heller ikke svarer.

Han får fat i en tredje, som han *måske* også burde have haft ringet til. Det er hyggeligt, der snakkes, der aftales, der afsluttes. Køreturen fortsætter med opkald, som *måske* bør foretages. Efter køreturen må han huske at skrive ned, hvad han skal nå at gøre i forlængelse af samtalerne. Det som han fik lovet. Han fik travlt af at have tid i overskud. Intet stoppede ham.

Kunsten at *være* ... positioneret.

Som mennesker og ledere bringer vores evne til at perspektivere os i en bedre position til at positionere os. Man kan positionere sig af mange grunde. For egen vindings skyld er nok den mest velkendte, hvilket kan være et fuldstændigt legitimt afsæt. Vi kan ligeledes positionere os af hensyn til det fælles bedste, ligesom positionering kan finde sted af forfængelige eller strategiske årsager. Uanset grundlaget for at bringe sig i position til noget eller simpelthen indtage en position vil evnen til at gøre det kunne kvalificeres ved en udviklet evne til perspektivering sammenholdt med en integreret selvindsigt.

Begge dele fordrer åbenhed og nysgerrighed.

Ikke som tillært ledelsesværktøj for da vil den manglende autenticitet afsløre, at man blot bruger den anden som redskab til eget mål, men åbenhed og nysgerrighed som et egentligt og oprigtigt afsæt.

Forudsætningen for at lede sig selv og andre er betinget af den oprigtige evne til at sætte sig i den andens sted ("Hjælpekunst" hos Kierkegaard). Man må forstå, hvad den anden forstår, for at kunne rådgive eller vejlede den anden. Hertil kommer den fordrede evne til at kunne "parkere" egen forud-antagelse. Vi er altid allerede forudindtagede, overfor det vi møder på livets vej. At benægte dette er en selvmodsigelse. Vi kan således lige så godt stå ved dette faktum. Vi er historiebårne mennesker og kan ikke ignorere vores for-forståelser. Godtager vi derimod denne forudsætning, kan vi med denne forudsætning "in mente" lytte opmærksomt på en oprigtig måde.

Herved bringer vi på en og samme tid både os selv og andre i position til at perspektivere åbent i forhold til hinanden.

Vi kan sjældent vide, hvad der er rigtigt og forkert for den anden endsige for os selv.

Der findes altid, afhængigt af konteksten, mange forskellige kvalificerede perspektiver på en sag, hvorfor ambitionen om at positionere sig fra så kvalificeret og *ydmygt* et afsæt som muligt, med rette bør erstatte ambitionen om at træffe "det rigtige valg".

Ydmygt fordi den mangfoldighed af meningsrigdom, som man ikke får med, respekteres.

Positionering skal derfor i denne henseende ske ydmygt. Positioneringen er nemlig også et udtryk for en respekt for, at man netop kun indtager en position ud af utallige mulige. Positioneringen er dog stadig et ståsted, man bevidst eller ubevidst har haft mulighed for at have indflydelse på. Det respektfulde i positionering ligger i grundantagelsen af, at den anden altid på samme måde har mulighed for at positionere sig, ligesom man selv har.

I eksistentialistisk forstand er vi altid alle lige i forhold til positionering. Derfor er det også et godt sted at lede sig selv og andre fra. Uden at dette på nogen måde skal kunne dække ledere eller andre ind under retten til at manipulere med andre. Manipulation er noget andet, for her mangler respekten for den andens værd netop. Oprigtig positionering medfører respekt. Afsløret manipulering medfører disrespekt.

Evnen til at stille sig selv sårbar er en af de muligheder man har. Modet til at vise andre (og sig selv) at man evner og tør at stille sin sårbarhed til skue. Det kan f.eks. komme til udtryk i form af, at man refererer til, hvad noget "gør ved en" i stedet for en saglig/faglig grund. Man kan f.eks. sige "Nej" tak" til en prestigefyldt opgave, man er blevet tildelt med henvisning til, at man har opgaver nok i forvejen og vil blive for presset, hvis man siger "ja" til endnu en opgave, selvom man gerne vil imponere bestyrelsen, ledelsen eller direktionen. Det kan også bare være at stoppe op midt i en diskussion, hvor mange kolleger er til stede og stå ved at den anden har ret uden at tilføje den sidste lillebitte kommentar, om at man nu også godt kan se det fra en anden vinkel. Hvis man ikke herved bringer sin integritet i spil og slet og ret opgiver sit standpunkt, fordi man bare vil føje en overordnet eller en der er lavere i hierarkiet end en selv, så lider man intet tab. Kun den der ikke forstår dette, vil hævde at man har tabt. Kunsten er at undlade at indgå på den præmis, at den der har fået det sidste ord har vundet. Det ved vi jo alle, langt fra er tilfældet. Måske snarere tværtimod. Den der med ro i sindet tør lade sit standpunkt "falde" til offentligt skue, har netop ofte vundet sagen. Her taler jeg naturligvis desværre ikke om det gængse politiske sprog. Indenfor politik handler de fleste diskussioner stadig om at "vinde". De dygtigste politikere har dog igennem historien evnet at vise sig sårbare. Nogle fordi de ikke kunne holde ud at se sig selv i spejlet, hvis de undlod at gøre det, mens andre nok i højere grad har udvist egen sårbarhed i erkendelsen af, "at der jo kan være stemmer i lortet". Som eksempel på forskellen i at udvise sårbarhed, kan nævnes Mette Fredriksen, der med en høj grad af oprigtighed udviser sårbarhed og ydmyghed og græder over fortidens misdyder i forhold til "Godshavnsdrengene". De tårer som Mette derimod græder over aflivede mink, de fremstår i højere grad som nødvendige politiske tårer, så man ikke kan blive skudt i skoene, at man er ligeglad, følelseskold eller arrogant (for det koster nemlig stemmer).

Kunsten at *være* ... viljestærk.

Det er ikke i selve konkurrencen, i finalen, til Ol, til Vm, DM eller EM, at Kunsten at være viljestærk viser sig.

Det er i tirsdagstræningen, at den reelle viljestyrke viser sig. Når man alene skal gennemføre intervaltræningen, grundtræningen, stabilitetsøvelsen eller tekniktræningen.

Læste for nylig om den legendariske langdistanceløber Emil Zátopek, hvis træning i perioder, dagligt, bestod af 60 gange 400 meter løb i højt tempo. Viljestyrken ligger ikke i interval nr. 1 og nr. 2. Nogle vil formode, at den ligger i interval nr. 59 og 60. Det gør den heller ikke, for der kan man se målstregen. Viljestyrken ligger i interval nr. 3, 4,5 osv. op til nr. 58, som alle gør ondt. Dér er det svært at blive ved. Med en tidshorisont der siger lidt over 3 år til selve OL. Med visheden om at denne uge primært består af træning, mad og søvn. Her stempler der en styrke ind. En viljens styrke som kun er yderst få mennesker forundt. Og dog.

Har man set overvægtige mennesker, som utrænede og naive, som i et øjebliks kådhed har tilmeldt sig en halvmaraton, fordi de engang for 20 år siden kunne løbe 10 kilometer på lige under en time, som nu rent faktisk stiller op til selve løbet. De har haft 6 måneders tid til at forberede sig og har vel samlet set trænet 4 gange på det halve år. Har man set et sådant menneske komme i mål efter 2 timer og 45 minutters krampagtigt løb, så ved man, at også dette menneske bestrider en seriøs portion viljestyrke.

Enhver censor til eksamen på diverse undervisningsinstitutioner, som har mødt en studerende, som ikke har forstået, hvordan man løser en andengradsligning, men alligevel kæmper sig igennem den mundtlige eksamenstid og med nød og næppe består, vil vide, at her var der tale om en viljesakt.

Men hvori består belønningen, spurgte jeg engang en, som havde fået en individuel sølvmedalje til OL?

Hvor længe har medaljen værdi? Medaljen som udtryk for anerkendelsen over denne enestående præstation, som en sølvmedalje jo er. (Husk på at dem bliver 12, 21 og 37 ved OL, de har også trænet konstant i 4 år i træk).

Medaljen og anerkendelsens værdi fortaber sig skræmmende hurtigt, var svaret. Ganske få minutter efter selve overrækkelsen af medaljen opstod der en form for larmende indre tomhed. Vedkommende huskede at hans kone og børn havde været til stede og dét var den dag i dag et værdifuldt minde. Værdien bestod i projektet og relationen.

I *øjeblikket,* som blev delt med dem, man holder af.

Heri ligger forskellen på at være "opstemt" over en præstation i en form for rus (sejrsrus) og det at være "afstemt" i forhold til noget andet end sig selv. Vi har brug for begge dele som mennesker. Det at være afstemt har blot en mere varig effekt. Rusen fortager sig hurtigt, men afstemtheden i forhold til verden, tilværelsen, omgivelserne og relationerne efterlader individet med den vibration, der skabes i og med tilhørsforholdet til noget andet. Denne "gnitren" eller "spænding" er samhørende med oplevelsen af, når der opstår "Resonans".

Udtrykket eksamens-tomhed vidner om samme forhold.

"12-talspigen" ved det.

Den forfængeliges stolthed er forbigående. Man ser nogle gange studenter, som bærer studenterhuen lidt for længe. De bliver ved med at tage den på i løbet af sommerferien i et lidt krampagtigt forsøg på at bevare oplevelsen eller følelsen af det forgængelige. Som de unge forelskede i biografen der på bageste række bliver siddende med hinanden i hånden, mens rulleteksterne kører ned over skærmen. De forsøger at forlænge øjeblikket. På samme måde med studenten, som ikke helt vil forstå at festen er slut. Tomheden bestående i så længe at have bygget op til noget, som nu ikke længere ér. Barnets skuffelse over når juleaften er slut.

For nylig så jeg en golfspiller på tv, som på 18. green klarede cuttet til en mellemstor golfturnering i sit eget hjemland ved at lykkes med et svært put. Han vandt ikke turneringen. Han var ikke i nærheden. Han vandt blot muligheden for at kæmpe videre i turneringens sidste 2 dage. Imod ham kom der springende en datter på 10-12 år, som så hans glæde over at være kommet videre. Hun vidste godt, han ikke havde vundet noget, men hun kunne se hvor glad og lettet han var. De gik smilende sammen derfra.

Kunsten at være viljestærk kommer til udtryk i mange former. Det som adskiller den ene viljesakt fremfor den anden, det er bl.a. om aktøren smiler undervejs. I medgang og modgang. Smiler man undervejs, er man bevidst om, at selv når det gør allermest ondt, så gør man, det man gør, fordi det i sig selv giver mening.

Men Kunsten at være viljestærk bidrager til meningsfuldheden. For retter man ikke sin opmærksomhed imod muligheden, så opstår øjeblikket ikke. Det opstår heller ikke nødvendigvis, fordi man gør, men man skaber grundlag for muligheden.

Står man ikke tidligt op om morgenen, så oplever man ikke solopgangens første stråler. Går man ikke tidligt i seng, så mærker man ikke udhvilethedens ro. Kører man ikke en omvej for at drikke en fredags-øl med sin gode ven, så oplever man ikke samhørigheden. Lytter man ikke ordentligt til sin kone, søn, datter, far, mor eller ven, så opdager man ikke, at de faktisk vil én det bedste.

Så nogle gange skal man simpelthen "tage sig sammen" og gøre det der skal til for at skabe grobund for muligheden for meningsfuldheden. Forsvarsspilleren i fodbold skal forsøge at undgå at give dommeren muligheden for at dømme straffespark. Han må ikke give dommeren muligheden. Han må ikke invitere tvivlen indenfor i dommerens sind.

Den som vil give sig selv og andre mulighed for at opleve noget meningsfuldt, kan vælge at benytte sin viljestyrke til at invitere *muligheden* indenfor i stedet for *tvivlen*.

Kunsten at være viljestærk er således en konkret styrke i forhold til at overleve og overkomme udfordringer. I forhold til at leve et fyldestgørende liv er det endvidere en mulighed. En mulighed for at holde fast i grundlaget for viljesstyrkegrundlaget. Er grundlaget præget af tvivl og trods, vil det være et skråplan, men hvis grundlaget for viljestyrken er funderet i at gøre noget, fordi det giver mening, som skaber muligheder, så vil det være en værdifuld kompetence.

Kunsten at *være* ... viljestærk – en fortælling.

"X-faktor"

Han mærker ikke den samme værdi af det som de andre. Han er ikke 20 år længere. Han er far til teenagere. Det er fredag. Den bedste dag på ugen.

Så er der weekend. Stemningen er god ved aftensmaden. De er fire. Mor og far og de to unge.

God mad. Hun er virkelig god til at lave mad. Alle spiser godt. Der slubres, der smaskes, der snakkes, der fortælles, der grines. Det har egentlig været en god uge. Eller i hvert fald en ok uge. Det er gået godt for alle. Cola til maden. De rydder op sammen. Alle deltager.

Så er der fint igen. De vender for en kort stund tilbage til hver deres skærm, men det er meningen, at de skal se noget sammen.

De er lidt for store til fredagsslik, men ikke helt gamle nok til at gå i byen selv. Så der er slik og chips.

Den yngste kommer først tilbage fra værelset. Tilbage i stuen. Den ældste skal opfordres. Den yngste vil bare gerne ligge på sofaen og være tæt på de andre. Den ældste har sin telefon med ind i stuen og kigger oftere på den end på tv-skærmen.

Der kommer X-faktor, siger moderen. Skal vi ikke se det?

Den ældste af de unge svarer, da ingen andre gør.

Faderen sidder der, han kigger med, han er der og han prøver. Under 5 minutter går der, før han rejser sig første gang. Moderen ser det. Hun ser alt. Hendes øjne følger ham med tavshed. Den ældste søn mærker ubevidst noget, men forbliver fokuseret på sin telefon. "Det er sikkert ikke noget", siger hans indre stemme til ham og han lykkes med at holde blikket rettet mod telefonen.

Hvad skal du far? spørger den yngste. Hun ved ikke, hvad hun spørger om. Hun følger bare sin intuition.

Han lader som om, han ikke hører hende ude fra køkkenet. Hvad skal du? gentager moderen lidt højere.

Jeg ville bare lige hente en øl, svarer han. Vil I have noget med?

Ingen svarer. Han sætter sig i køkkenet alene og åbner en øl. Musikken er høj fra fjernsynet. Enhver må kunne høre, hvor dårlig kvaliteten er, tænker han stille for sig selv. De kan ikke passe, at de ikke kan høre det. Men den snak har de haft og de andre bliver irriterede, når han bringer det op. Han drikker en halv øl. Han kan ikke drikke én øl. Det ved alle. Alle andre end ham selv. Han mener godt han kan. Men det kan han ikke. Han drikker altid flere. Han bliver vist ikke træls, men han melder sig bare ligesom lidt ud.

Der er pause i X-faktor. Der er blevet spist meget slik i stuen. Den yngste teenager ligger tæt op ad moderen og er faldet i søvn.

Han ser 2. halvdel af det sammen med de andre. Så dårligt lyder det nu heller ikke, efter de har skruet lidt ned for lyden, så den yngste kan ligge og sove videre.

Da de andre går i seng, bliver han bare lige oppe for sig selv en halv times tid. Han skal bare lige have en godnat-øl. Der er dejligt stille i stuen nu. De andre sover. Han åbner en flaske rødvin. Den er god. Falder i søvn på sofaen med fjernsynet tændt.

Han ville gerne, tænker han den næste morgen, men han kunne ikke. Han kunne ikke mærke værdien af dét, de andre kunne. Han var kommet for langt væk fra den simple værdi i blot at være sammen. Der manglede resonans. Der var for ham ingen genklang i rummet. Det var blevet stumt. Der var ingen spænding i energien i rummet. Intet spændingsforhold. Det var blevet tomt. Som at slå i en dyne. Som at kaste en fjer ud over en skrænt.

Han havde tænkt over det en million gange, men det hjalp ikke at tænke over det. Han havde forsøgt at leve sig ind i det og være mere nærværende i det. Men det gik ikke. Kun viljen, vanen og strukturen kunne nu genskabe en form for genkendelig rytme, som kunne udkæmpe trangen til at flygte fra tomheden. Genkendelighedens og gentagelsens rytme har jo dog et skær af noget, der "stemmer op" i forhold til noget. Et ganske vist kunstigt stemningsforhold bliver sat, men det er dog et forhold.

Han er i udgangspunktet nødt til at være mere træt næste fredag aften.

Kunsten at *være* ... modstandsdygtig

Bliver man stærkere af modgang?

Svaret er ikke "ja" eller "nej"

Svaret er, "Nogen gør"

Den, som kan smile til den sammenhæng modgangen henviser vedkommende til, har mulighed for at blive stærkere af modgang. Dvs. den som er i stand til at erkende og favne, at selv den største modgang i livet blot er en dråbe i havet af de hændelser og fænomener tilværelsen viser sig som. Den som kan skabe mening i, begribe og håndtere det uhåndterbare, uforudsigelige kaos, som livet ér, ved at sætte det i forhold til tilværelsen i sin helhed, hun eller han er fri i en anden forstand. Fri til at smile ad alt det der er ude af vedkommendes kontrol.

Måske kan vi som art ikke holde til vedvarende at stirre direkte ind i den frihedens mulighed og ansvaret der følger med tilværelsen i sin egentligste form. Den ubetingede ansvarlighed, der består i at leve sit liv i overensstemmelse med indsigten om meningsfuldhedens mulighed, den bliver ubærlig, hvis den bliver til en fordring.

Vi er nødt til at nyde og møde tilværelsen i små bidder. For med den gave tilværelsen ér, følger indsigten i, at vi altid kan leve livet mere fyldestgørende. Ophøjer vi denne indsigt til moralsk lov, så går meget tabt og vi har på ny bildt os selv ind, at vi er herrer over meningen med tilværelsen. Vi ved i selvsamme sekund, vi har stillet os selv fordringen, at selvsamme fordring er en illusion. Det vi står tilbage med, det er frihedens mulighed. Men gør vi denne til grundlaget for, *hvordan vi skal leve*, så har vi dels taget ansvar for meget mere end vi kan kapere og dels har vi gjort os selv til herrer over meget mere, end vi i virkeligheden godt selv ved, vi er.

Kan vi *leve med* den frihedens mulighed tilværelsen uundgåeligt henviser os til, så kan vi til gengæld godt blive stærkere af modgang.

Kunsten at være modstandsdygtig eller resilient, som det også kaldes i flere sammenhænge, adskiller sig fra det at være robust.

Robusthed var næsten et ideal en overgang. Noget vi alle skulle udvise og indeholde.

Lidt ligesom da vi alle skulle udvise samfundssind.

Robusthed indikerer uigennemtrængelighed. En tilstand af at være beskyttet bag et skjold eller et panser. En art immunitet overfor alverdens smerter og tilskyndelser. Iklædt teflon som en moderne "Jens Vejmand" der sidder "beskyttet bag skærmen". Men det var en anden tid, som man siger.

Det er ikke længere muligt at krybe i flyverskjul for verden. Digitaliseringen og internettet har inviteret viden, erkendelse og trusler indenfor i vores sind 24 timer i døgnet. Det samme gælder i mange jobsammenhænge, hvorfor robusthedsbegrebet også lige så stille er gledet ud af jobannoncerne igen. Det er ikke så sexet at være robust længere, når alle godt ved, at alle har et bristepunkt.

Modstandsdygtighed derimod, det vidner om noget lidt andet. Det indikerer forståelse, begribelighed, håndterbarhed og meningsfuldhed.

I ordets oprindelige betydning betyder resiliens også det at "vige tilbage" for noget eller at "trække sig". Dette skal ikke forveksles med at flygte. Man kan godt bevidst vige tilbage for det, man ikke kan ændre som en bevidst måde at "være i forhold til det" på.

Man kan godt "trække sig" og give plads til en teenager, der er i syv sind. Når man nu ved, at det unge menneskes sind kommer i bedre balance igen (om nogle år), kan det være en aldeles modstandsdygtig strategi at lade det være for en tid. Det kan også være modstandsdygtigt at konfrontere en teenager og tage en diskussion for fuld smadder. Modstandsdygtighed handler således slet ikke alene om at trække sig, men det at undvige kan i trafikken f.eks. være den direkte årsag til overlevelse ind imellem.

Resiliens er derfor både videnskabeligt, samfundsmæssigt og individuelt et forhold eller en egenskab, som undersøges intenst i disse år, for verden har brug for mennesker, der kan holde til at være i den. Holde til at være på et arbejdsmarked og bidrage til samfundet (i hvert fald så længe vi automatisk antager, at der **skal** være et arbejdsmarked, for at vi kan opretholde en samfundsstruktur, men det er en anden snak, jfr. *Kunsten at være modig).*

Uanset arbejdsmarkedets berettigelse så kalder samtiden på resiliens, når man ser på antallet af psykisk syge mennesker, stressede personer, diagnosticerede unge og antallet af personer som begår selvmord.

Tiden kalder på mennesker, som kan "stå i" den kompleksitet uafgrænsetheden medfører.

Indenfor det socialpædagogiske og socialpsykiatriske område er der færre og færre, der i længden er modstandsdygtige nok til at være i mødet med borgere, som har brug for det, de har brug for. Indenfor ledelse har der vel aldrig været flere sygemeldinger, end man ser i disse år. Der investeres massivt i at passe på ledere og medarbejdere, men modstandsdygtigheden kan ikke leveres fra arbejdsgivers side alene. Der findes ikke et konstruerbart miljø, som sikrer beskyttelse imod verden. Men vi kan møde hinanden på en anden måde. Dette er en reel mulighed, som er enhver forundt. Vi kan opnå en art eksistentiel resiliens ved at være bevidste om den sammenhæng, som er større end det vi her og nu står overfor, men vi kan ikke længere tro på, at vi kan konstruere et miljø endsige et arbejdsmiljø, som beskytter os tilstrækkeligt i forhold til den tiltagende acceleration.

Kunsten at være modstandsdygtig vidner om en evne til at sætte tilværelsens forhold i perspektiv, lidt ligesom tegneseriestriben med Søren Brun der siger "En dag skal vi alle dø Nuser", som svarer, "Ja men alle de andre dage skal vi det ikke".

Igen skal man ikke forveksle modstandsdygtighed med hverken robusthed, apati, opgivenhed eller ligegyldighed. Modstandsdygtighed er et udtryk for evnen til at "sætte sig ud over" det umiddelbare. Det er evnen til at smile roligt til livets forhindringer, udfordringer og uforståeligheder, velvidende at man ikke kan løse alverdens problemer.

Resiliens handler om meget andet end robusthed. Det handler om nuet, stemningen, sammenhængen, overgivelsen, hengivenheden, accepten, åbenhed og så videre.

Kunsten at være modstandsdygtig og overleve f.eks. komplet umenneskelige og uretfærdige forhold har udover vilje og håb som konkrete holdepunkter således også vist sig at være funderet i evnen til at se en større meningsfuldhed i tingene og en evne til at skabe mening selv helt ned i den mindste sammenhæng mellem mennesker og verden.

Kunsten at være modstandsdygtig i forhold til, ikke alene at overleve, men også i forhold til at være i stand til at leve et vellykket liv, er funderet i selvsamme evne.

Kunsten at *være* ... modstandsdygtig – en fortælling

Der sidder 3 unge søskende ved en sygeseng. Der er næsten ikke mere tid tilbage. Døden vil indtræffe inden længe, har lægen sagt. Der er ikke mere at håbe på i forhold til overlevelse. Kroppen kan ikke mere. Det er deres yngste bror, der ligger der i sengen. Han er kun 14 år gammel. "Det er ingen alder at dø i", har faren sagt. Han og moderen har trukket sig lidt væk for at give plads til de 3 søskende. De sidder stille der rundt om sengen. Det eneste der høres, er det svage åndedræt, der ligesom kommer og går. I længere perioder ad gangen er der ingen vejrtrækning fra deres yngste bror. De 3 omkringsiddende kigger ind imellem forfærdede på hinanden, når der er gået lang tid siden sidste vejrtrækning. Men igen rækker den unge drengs lunger ud efter livet i et svagt men krampagtigt forsøg på at etablere en sidste desperat livline.

Tavsheden brydes kort da en af de 3 søskende spørger, om de andre har fået sagt ordentligt farvel. De to andre ser bebrejdende tilbage og rynker øjenbrynene og tysser med fingeren op foran munden, for ligesom at indikere at den døende stadig hører hvad de siger. Men mon ikke også den døende ville sige farvel nu, hvis vedkommende kunne tale, tænker afsenderen?

Måske var det upassende sagt, så der bliver ikke sagt mere. Der er stille. Moderen nærmer sig og sætter sig ved siden af de 3 søskende og hvisker næsten så stille så ingen kan høre det, at den yngste bror har kæmpet så flot og nu ikke behøver kæmpe mere. "Du må gerne give slip nu", hvisker moderen. "Det er ok, du skal ikke mere nu", fortsætter hun hviskende. Hun forbereder sig selv og de andre på det uundgåelige, som ingen kan forberedes på.

Tårerne triller stille ned ad kinderne på moderen, mens hun hvisker formildende sætninger til farvel. "Det skal nok gå og vi ses igen", bliver gentaget, stille da ordene slipper op.

Faderen har trukket sig sammen i afmagt i sofaen bag dem. Han forsøger at forblive stærk og holde sammen på de andre, men kroppen svigter ham. Han kan ikke rejse sig lige nu.

Den ældste af de 3 søskende kigger rundt på de andre og sikrer sig, at de andre er ok. Den mellemste putter sig ind til moderen og hulker stille. Den yngste søster kigger lidt tomt ud i luften, mens tårerne stille triller. Hun kigger på lillebroren, som ligger der i sengen og i et splitsekund fornemmer hun, at han åbner et øje på klem og sender hende et lille smil. De andre ser det ikke.

Det sekund, den forbindelse, det smil.

Påmindelsen om alle de gange de har leget sammen, drillet hinanden og snakket med hinanden. Det sekund tager hun med sig.

Det bliver ikke til et skjold imod verden.

Det sekund, det glimt, den forbindelse bliver til noget iboende. En iboende modstandsdygtighed. En overbærenhed så fuld af, accept, tilgivelse og kærlighed. En stemning af noget, der overskrider selve overgangen. Lige nu, lige her, er hun tryg i det ubærlige.

Hun deler det ikke med nogen før mange år senere.

Kunsten at *være* ... regelret.

"Regler"

"Regler gælder ikke altid for alle", sagde et menneske aldrig.

Hvor er det en skøn illusion. Næsten tragikomisk at vi antager, at regler gælder alle. Det ville selvsagt være selvmodsigende, at hævde at regler ikke gælder alle. Så ville begrebet regel jo på en måde undermineres lidt. Lidt som at antage at der findes mistillid, men at der ikke findes tillid.

Ikke desto mindre ved alle der har levet i tid jo, at der findes langt flere eksempler på regler, der er blevet brudt end overholdt igennem historien. Ingen regel uden undtagelse.

Alligevel anstrenger vi os voldsomt for at bevare ideen om, at regler gælder for alle. Vi er nok nødt til at tro på det ind imellem for at kunne fungere. Det er klart en fordel, at vi holder stille for rødt lys, men vi går jo alle over vejen for rødt lys, hvis der ingen biler kommer. Det giver nemlig ikke mening at opretholde reglen for reglens skyld. Meningsfuldhed trumfer regler til enhver tid.

Men loven så da. Den skal vi i hvert fald alle overholde. Den er jo sådan nærmest sådan en overregel. Tjo...

Nå men så grundloven i hvert fald. Det er jo reglen over regler ikke?

Kant vidste det, selvom han sværgede til regler og imperativer. Selv grundloven er jo menneskeskabt. Den kan være funderet i logikken, religionen eller ideologien, men det ændrer jo ikke på, at man gør det, der giver mening, når det kommer til stykket vel!

Jeg havde således engang en spændende snak med en respekteret ven, omkring hvad der bør regulere det sociale velfærdsområde i en stat. Jeg fastholder at etikken til enhver tid overtrumfer juraen og jeg har ret og det ved juristen godt. Men det er ikke til at holde ud, for det fordrer accept af magtesløshed som menneske, for alle ved jo at mennesket ikke besidder kapacitet til at håndtere etik, når det kommer til stykket.

Men sådan er det faktisk. Nu siger jeg det, når ingen andre orker det. Regler gælder ikke altid for alle!

Kunsten at være regelret består derfor helt simpelt i evnen til at efterleve regler, selvom de ikke altid gælder for alle. Det giver ikke mening, at undlade at gøre noget man har aftalt, bare fordi alle andre undlader det. Vi kan ikke basere vores samfund eller vores egen etik på ligegyldighed. Så selv om de andre kører for stærkt, forurener, svigter og lyver, så skal vi stadig efterleve regler og aftaler. Ikke fordi vi derved sigter efter et fælles højeste, men fordi det ikke giver mening at lade være. Det giver ikke mening at lade sig definere af den svageste fællesnævner. Der vil altid være nogen, man ikke kan regne med. Nogle gange kan man måske endda ikke helt regne med sig selv.

Kunsten at være regelret er en disciplin. En disciplin der kræver disciplin og vedholdenhed. Ikke fordi disciplin og vedholdenhed er værdier eller dyder, men fordi det ikke giver mening at lade være.

Kunsten at *være* ... regelret – en fortælling

I køkkenet på højskolen har de hængt en dartskive op. Der er fest. Der danses i salen ved siden af. Nye par finder sammen. I køkkenet spiller 3 mand dart. De hygger sig. Egentlig er det sjovere at være 4. De spiser rester mens de spiller. Stemningen er god. Der sidder 3 piger ved et bord i køkkenet. "Men Fie har jo ret", siger en af dem. "Der kan da hænge næsten dobbelt så meget vasketøj i kælderen, hvis man hænger det på tværs af snorene i stedet for på langs". De andre 2 piger svarer hende, næsten i munden på hinanden, med et "Whatever" og smiler.

Stemningen er simpelthen for god til den snak.

En fjerde lidt yngre mandlig elev kommer ind i køkkenet. Han sveder lidt af at danse og er tydeligvis opstemt. I et lidt højere stemningsleje end de øvrige, spørger han om han må spille med ved dartskiven. Han får lov, men der er ikke megen begejstring at spore. Stemningen ændrer sig i gruppen. Snakken forstummer i perioder og den 4. deltager evner ligesom ikke at finde ind i tonen. De 3 andre prøver at finde tilbage til det spor de havde, men det bliver ligesom også lidt underligt. De holder ham ud, men var hellere fri.

Da spillet nærmer sig sin afslutning kaster den tilkomne spiller efter midten af skiven.

"Man kan ikke lukke i bull", siger den ene af de andre.

"Jo det kan man da godt", svarer han. Sådan er reglerne da.

"Nej man skal lukke i en double", fastholder den anden. "Jamen bull er da også en double", gentager han. "Nej det er ej", siger en af de andre. "Det er den falske double", siger den sidste i gruppen og glatter ud med et krampagtigt smil.

"Den yngre tager sin telefon frem og googler reglerne, hvorefter han går hen for at vise dem til ham der jokede".

Han når ikke derhen. Han får på vejen et hårdt skub i brystet af ham der først modsagde ham, så han er ved at falde bagover. "Vi skal slet ikke se nogen som helst regler, for vi spiller ikke med at lukke i bull her", hvæser han sammenbidt.

Den yngre kigger på de andre i køkkenet, som alle kigger ned. De tier og samtykker. De er ikke bange for nogen. De er hverken enige eller uenige med nogen. De er mere ligeglade. De vil bare gerne have det hyggeligt, uanset om det er på et falsk grundlag. Det er mere trygt.

Den yngre forlader tavst køkkenet.

Der bliver stille et kort øjeblik. Så siger en af pigerne ved bordet, "ja der findes regler og så findes der regler".

"Ja lige præcis, det ved alle", svarer ham der før glattede ud.

"Nemlig" siger den tredje ved dartskiven, som ellers ikke har sagt alverden.

Kunsten at *være* ... "på".

Kunsten at *være* ... "på" – en fortælling.

SÅ dyrt er det da heller ikke, 2500,- for en konferencedag. Og de er da faktisk sådan ret ok kendte dem der kommer og holder oplæg. "Nå ja" det er måske ikke lige alle oplægsholderne, man normalt ville have kørt efter, men programmet er da samlet set sådan ret ok. De er da ikke sikkert man var taget med ellers, men nu er det jo arbejdsgiver der betaler så ...

Hvorfor kommer folk altid så sent. Lige der ti minutter før det hele starter, så man ikke kan finde en parkeringsplads. Heldigvis starter det aldrig til tiden, fordi mange ikke når det til tiden. Nå men man skal da i hvert fald også lige have lidt kaffe og morgenmad med ind og så er man faktisk også lige nødt til at nå forbi "det lille hus". Der er optaget, men man kan vel også godt holde sig til pausen.

Man lister sig ind og folk kigger heldigvis ikke over mod døren, før den lukker bag en med et lille brag, fordi man ikke har en fri hånd til at lukke den forsigtigt. Man spejder ud over forsamlingen. Der er mindst 300 deltagere, men stadig en del frie pladser nede bagved, men man vil jo gerne sidde ved nogen man kender, så det ikke bliver alt for kedeligt. Hov derovre sidder Bente, altså hende den søde fra fyn. Hvor er det nu, hun arbejder? Nå men så må man jo bede folk om at rykke lidt sammen og det gør de sikkert også. Man lister sig ligesom afsted, for så forstyrrer man mindre ind imellem stolerækkerne, eller noget.

Nå men Bente hilser smilende, da hun kigger op fra sin Ipad, hvor man kan se, hun har gang i noget Candycrush og et par mails. Hvor hyggeligt. Ned og sidde, frakken af, tasken over stoleryggen, kaffen og rundstykket på plads.

Hvem mon egentlig er her i dag? Kigger lige deltagerlisten igennem bagest i programmet. Bente peger ned i listen og smiler. Dem skal vi helt sikkert spise frokosten sammen med. Overfor sidder der to, som er meget optaget af oplægget. De ser faktisk lidt selvhøjtidelige ud. Noterer konstant ned på en lillebitte blok med ternet papir. Man burde nok også selv gøre det. Har jeg overhovedet en blok med? Hmm det er da også utroligt, der ikke ligger blokke og kuglepenne til den pris.

Rundstykket er faktisk lidt kedeligt og kaffen er jo ikke decideret varm ligesom derhjemme på kontoret. Man kigger op på oplægsholderen og tjekker lige i programmet, hvem det er. Nå det var ikke ham, man helst ville høre. Man ville altså også have startet programmet med noget mere "let fordøjeligt", hvis man selv havde lavet det.

Uha som de da kan notere ned på blokken.

En lille stemme indeni foreslår, om man måske ved et uheld skulle komme til at spilde kaffe ud over deres noter, men det kunne man selvfølgelig aldrig finde på vel?

Er der pause nu? Han er da i hvert fald ved at være færdig deroppe og man skal også virkelig tisse. Nå der står allerede en anden, der er ved at gøre sig klar til at sige noget nyt.

Havde jeg ikke fået den sat på lydløs. For helvede da også. Det er den kommune jeg forsøgte at få fat i hele dagen i går. Der er altså også andre, der har taget den. Hvisker "Øjeblik" i røret og haster mod døren. Skal altså også virkelig tisse nu.

Vil ikke gå ind igen og forstyrre en gang til. Bliver bare herude til der er pause. Der er også nogle virkeligt lækre stole derovre og sikke en ro her er. Det var altså virkelig godt, at jeg tog den telefon, for ellers havde vi ikke fået aftalt det møde om den sag.

Tredje del

Kunsten at *være* …. eksistentielt tryg.

Eksistentiel tryghed handler om evnen, modet og tilliden til at stole på, hvad man er værd og vide med sig selv, at man i et dybere perspektiv er i stand til at være et ordentligt menneske overfor andre og sig selv

Eksistentiel tryghed 1. – "Udfordringer".

Eksistentiel tryghed kan defineres som "Evnen til, åbent, at stille sig sårbar i det ukontrollerbare".

Når bussen ikke kører I Århus, fordi der er faldet sne. Når skraldet ikke bliver hentet til tiden, som det plejer. Når kollegaen bliver fyret på arbejdet. Når vi får en urimelig karakter til eksamen. Når kæresten går fra os. Når vennerne ikke forstår os. Når de andre kører dårligt.

Det skal gå væk. Jeg maaaagter det ikke. Nogen skal fixe det. Hvis skyld er det?

Men også når naturkatastrofer lammer verden. Når der er krig i verden. Når en vores nærmeste bliver alvorligt syg. Når politikerne vedtager noget, som ikke giver mening.

Det må stoppe. Det skal gå over. Det kan ikke blive ved. Nu er det nok.

Også når en kær ven dør efter lang tids sygdom. Når en eliteudøver må indstille karrieren i en alt for tidlig alder. Når en motionsløber bliver kørt ned. Når ens barn er ulykkeligt og græder hele tiden og ingen kan få det til at gå væk.

Det føles ubærligt. Det føles tomt. Der gives op.

Hvad er der at gøre. Man kan jo ikke få det til at "gå væk". Man er nødt til at "være" i det.

Man kan faktisk lige så godt "lade være". I bogstavelig forstand. Lade (det) være. Dèt som èr.

Man kan blive bedre til at smile til det. Smile til det forhold at vi ikke får styr på det hele. Smile over det ubærlige. Uden ironisk distance. Smile over at vi må blive i køen på motorvejen. Smile over at vi er nødt til at finde et nyt job. Smile over at vi på ny er blevet bevidste om, at vi kun kan gøre en ting, nemlig at stille os sårbare overfor det ukontrollerbare.

Man kan godt lære det. Man kan godt opnå eksistentiel tryghed. Det kræver åbenhed og bevidsthed om egen sårbarhed. Det kræver mod til at "blive der", når det er svært. Det kræver evnen til ikke at forfalde til illusionen om, at man kan få styr på det hele.

Eksistentiel tryghed 2. – "Taknemmelige perspektiver".

Eksistentiel tryghed kan defineres som "Evnen til, åbent, at stille sig sårbar i det ukontrollerbare".

Den der første forårs-solstråle, der indprenter sig i huden.

Det der ældgamle par, som rent faktisk vælger at tage hinanden i hånden på bænken i parken.

Den der Ford Taunus der starter en iskold vintermorgen.

Den der børnelatter på afstand, hvis årsag du ikke kender.

Den der ene person, der holder tilbage i trafiktravlheden.

Den der person som favner og samler.

Eksistentiel tryghed er også evnen, til at få øje på det der sker lige foran en. Evnen til at vide at lige rundt om hjørnet sker der altid noget, som kan være med til at skabe tryghed, udvikling, refleksion og nærvær.

Evnen til at se bagom vreden den anden udsætter dig for og få øje på sårbarheden.

Evnen til at anerkende den gode intention bag det dårlige resultat.

Evnen til at stå ved sig selv, når andre underkender en.

Evnen til at sige "I dag bliver en god dag".

Evnen til at leve med at man faktisk irriterer andre engang imellem, selv om man gjorde sig umage for at undgå det.

Eksistentiel tryghed er det mest simple der findes. Det er det, der foregår lige foran dig. Det er fænomenet, som bare kommer til dig, ligesom tiden, i sin simpleste forstand.

Eksistentiel tryghed 3. – "Modet".

Det at være "en del af flokken" synes mere og mere at være blevet et parameter på at lykkes. Både i fritiden, privat og på arbejdet, på studiet eller hvad man nu beskæftiger sig med.

Socialt har man en højere status, hvis man er "med i klubben" som Mulle i Bjarne Reuters "Zappa". Det giver social tryghed, at være en der accepteres af de andre. En der gør og siger det rigtige. En der taler om og griner af det samme som de andre. En som især taler om og griner af det samme som de højest respekterede i gruppen. Arbejdsgivere og ledere er derfor meget optagede af at skabe rammen for en kultur, som understøtter de ansattes oplevelse af at høre til. Et trygt sted hvor man føler sig hjemme.

"There is a flipside to that coin", siger Robert De Niro til Al Pacino I filmen "Heat". Der er en slagside, hedder det måske på dansk. Der er noget, der klinger hult.

Vi kan jo netop ikke alle være de højest rangerende i det sociale hierarki. De højest rangerende er det jo netop, fordi de er højere rangerende end andre. Uden de andre var der jo ingen at udrangere i denne sociale konkurrence. Så det bliver jo næsten selvmodsigende at tilstræbe social tryghed, som et udtryk for at lykkes. Man lader sig jo pr. definition definere af andres optik i dette sociale kapløb. Når vi så samtidig ved, at de der klarer sig bedst igennem modgang og kriser, det er dem, der selv er i stand til at finde meningsfulde sammenhænge og perspektiver, når gruppen falder fra hinanden og fællesskabet smuldrer, så bliver kriteriet social eller psykologisk tryghed ufuldstændigt som grundlag for eksistentiel tryghed.

"Modet til at lede".

Hvis jeg skulle lede andre i dag, ville jeg derfor ikke invitere til en kultur, der bygger på social eller psykologisk tryghed. Jeg ville invitere personligheder indenfor i et inddragende fællesskab baseret på Eksistentiel tryghed. Et meningsfuldt fordrende fællesskab hvor alle stilles medansvarlige for at medvirke til at anerkende sine kolleger på godt og ondt.

Jeg tror den kommende generation, vil vælge at være en del af de arbejdsfællesskaber, hvor de bliver respekteret for at tage ansvar også i modgang. Arbejdskulturer hvor det er tilladt at stille sig sårbar, overfor den kompleksitet og uvished der uundgåeligt vil være meddefinerende for fremtidens arbejdsplads. Et arbejdsfællesskab hvor evnen til at lytte og være en der bliver lyttet til, bliver et parameter på om organisationen lykkes. Ikke nødvendigvis fordi denne type organisation er den, der tjener flest penge, men i højere grad fordi denne type organisation vil kunne tiltrække og fastholde de stærkeste kandidater.

Jeg ville hellere skabe et fællesskab, hvor alle gerne ville ansættes og forblive ansat pga. stemningen, end jeg ville lede og skabe et fællesskab, hvor der tales om, hvem der har mest travlt og om hvor meget vi skal til at leve, når vi har skrabet nok penge sammen til at gå på pension.

Tilgangen kræver mod og sårbarhed, men hellere være modig og sårbar end at bilde sig ind at social eller psykologisk tryghed alene kan bære vores oplevelse af grundlæggende tryghed.

Eksistentiel tryghed 4. – "Sårbarheden".

Eksistentiel tryghed kan defineres som "Evnen *og* modet til, åbent, at stille sig sårbar i det ukontrollerbare".

I Batman Begins rejser Christian Bale sig op og lader sig omslutte af en enorm sværm af flagermus. Han står midt i orkanens øje og udviser *mod* og *åbenhed* i forhold til det ukontrollable. Han stiller sig samtidigt på alle måder *sårbar.*

Modenhed, åbenhed og sårbarhed er netop nogle af de egenskaber, man må udvise i bestræbelsen på at opnå eksistentiel tryghed.

Vores overlevelsesinstinkt vil i udgangspunktet ofte kalde på, at vi gør det modsatte, når vi står overfor noget, vi ikke har kontrol over.

Vi vil oftest lukke os sammen om os selv, som pindsvinet der beskytter sig selv. Vi vil ubevidst vælge indesluttetheden. Vi vil beskytte os og forfalde til at rekreere til en tilsyneladende kendt og tryg tilstand, hvor intet ondt kan nå os og hvor vi oplever os usårlige.

Men valget er umodent og vi vil med tiden mærke følelsen af, at inautenticiteten øges og uegentlighedens overfladiskhed vil stille tage vejret fra os.

Det modne valg består i at "stå i det" og blive stående. Funderet i sig selv, i rytmen og i åndedrættet. Funderet i kroppen og igennem levede erfaringer.

Eksistentiel tryghed opnås gennem kroppen og gennem levede erfaringer. Det er ikke noget, man alene kan analysere sig eller tænke sig frem til.

Eksistentiel tryghed 5. – "Fortvivlelsens logik".

Når man er vokset op i en tid, hvor samfund, politikere og rollemodeller fortæller én, at forøgelse skaber frihed, så er det ikke underligt, at man bliver fortvivlet. Når forøgelse på den ene side i form af "mere", "rigere", "større", "hurtigere" og "stærkere" bliver forstået som vejen til personlig frihed OG man så (meget naturligt) sætter "sundhed", "langsommelighed", "stilhed" og "økologibevidsthed" som modvægt hertil, så risikerer man at sidstnævnte i sig selv bliver et nyt projekt, som stadig er defineret af musikken i form af at blive et selvudviklingsprojekt, som i sig selv kan ophøjes til perfektion.

Resultatet bliver desværre, at man risikerer at løbe endnu stærkere i forsøget på at flygte fra den travlhed forøgelseslogikken oprindeligt skabte. Nu har det unge menneske ikke alene travlt med at "følge med", men tillige travlt med at skynde sig væk fra hamsterhjulet, som det har set sine forældre blive "spundet ind i".

Man ved måske, hvad man flygter fra, men man løber stadig stærkt. Man får travlt med at være "sund", "økologibevidst" og "ustresset".

Man bliver syg af sin egen medicin. Man er indfanget i "Fortvivlelsens logik"

Det kræver livserfaring at vide, at *noget* er godt nok uden at være perfekt. Det kræver selverkendelse at nyde at blive nr. 5 ud af 6, fordi det i sig selv var meningsfuldt at være med. Det kræver mod *ind imellem*, at være den første der giver op.

Et ungt menneske i vor tid vil have evnen til at forstå alt dette, men sjældent evnen til at leve med det. Når man har lært, at man bliver "fri", hvis man skynder sig og udkonkurrerer de andre og bliver rig og mægtig, så må det være uhyre svært at turde tro på andet.

Når selvsamme unge menneske så samtidig mærker den "tomhed", der "stemmer ind", kort tid efter man har opnået, det man jagtede, så bliver man selvsagt rådvild. (Har I bemærket hvor mange unge der i dag i en meget tidlig alder allerede har sparet mange penge op, har rejst jorden rundt, har gennemført en maraton og været på personlige vandringer og retreats?).

Eksistentiel tryghed defineres derfor som evnen (og modet) til åbent, at stille sig sårbar i det ukontrollerbare. Evnen til at balancere imellem forøgelse og forsinkelse. Evnen til at "være midt i det" og "være i livet" uden at være ved at kontrollere det. Evnen til reelt at holde fri fra det projekt, som man tror vil skabe frihed. Evnen til momentant at smile til den frihed tilværelsen i sit grundvilkår tilbyder i form af muligheden for at være til. Hvis vi kan lære vores unge at smile til frihedens mulighed. Frihedens mulighed for blot at være til, så vil de få mindre travlt med at blive "rige og frie" og de vil opleve mindre tomhed, når de erfarer, at det ikke i sig selv var meningsfuldt at blive "rig og fri". Men det kræver en levet erfaring. Vi kan ikke alene forstå, tænke eller tale os dertil.

Vi skal ikke invitere de unge med længere ind i sindet.

Vi skal invitere dem med ud i livet, med ud i naturen og med ned i kroppen uden at forfalde til at ophøje dette til et nyt projekt, som de skal mestre.

Eksistentiel tryghed 6. – "Pejlemærker"

Eksistentiel tryghed kan defineres som "Evnen til, åbent, at stille sig sårbar i det ukontrollerbare".

Eksistentiel tryghed er også evnen til af være tryg i at fortsætte sin retning, når andre bliver utrygge, ved den retning man har valgt. Dette skal ikke forstås i betydningen at fastholde sin vilje og vedholde en bestemt retning for enhver pris, fordi livet har lært en, at man skal stole mere på sig selv end på andre. For så følger der ikke en ro med. Så vil tvivlen altid være ledsager.

Eksistentiel tryghed er derfor også evnen til at lade andre fortsætte ud af en retning, som man ikke forstår de vælger. Igen kan man sige, at dette ikke er det samme, som at acceptere at andre altid skal gøre det, de vurderer er deres vej i livet uden at gribe ind. Hvis accept er funderet i et manglende mod til at stå ved sig selv og sige sin mening, vil der ikke følge ro med. Tvivlen og usikkerheden vil igen være acceptens ledsager.

Den accept hvor man derimod er bevidst om, at det andet menneske vælger det som vedkommende skal vælge ud fra sin overbevisning, i *sit eget* meningsfulde perspektiv, der vil der være en reel accept og en evne til at lade den anden om sit valg. En *frihedens accept*, som ledsages af et overbærende smil over livets utallige muligheder, valg og retninger.

Retninger som vi aldrig udtømmende vil kunne forstå og redegøre for og valg som ender med at bringe noget andet med sig, end vi kunne have forudset. Dette er evnen til at "gå med", uden at styre for den anden. Evnen til sammen at genskabe trygheden *i*, at vi kan være sammen om det svære, men vi kan ikke love, at vi kan fjerne hinandens forhindringer og fejltrin.

Det er her, den livgivende stille accept af livets simpleste vilkår og udfordringer indfinder sig. Det er her, vi igen smiler over, hvor meget der findes i tilværelsen, som reelt er "ude af vores hænder". Vi er jo ikke herrer over ret meget, når det kommer til stykket. Det ved alle, som har siddet i en flyvemaskine, hvor der opstår lidt for meget turbulens. Vi forfalder til at fortælle os selv, at det hele nok skal gå, men vi ved godt, at vi prøver at bluffe os selv. Vi kan nemlig ikke opretholde illusionen ret længe. Vi ved godt, vi lyver for os selv. Hvis vi falder ned, er det højest sandsynlig "tak for denne gang", men vi kan forlade manegen på vores egen måde.

Og her taler jeg ikke om at mande sig op og stå skoleret og tage imod alt hvad der kommer med værdighed. Jeg taler heller ikke om at vende den anden kind til.

Jeg taler om at smile til det, vi i virkeligheden altid har vidst, nemlig at vi ikke har styr på alverden, når det kommer til stykket, men vi har altid muligheden for at gøre øjeblikket til vort eget og gøre det smukt og nærværende for os selv og andre.

Det forekommer overflødigt at se på muligheden for at antage, at vi jo så bare kan lade være med at flyve. Logisk tillokkende, men det giver jo ikke mening.

Vi kan jo netop ikke med mening leve et liv, hvor vi konstant fravælger dèt, som kan risikere at medføre, at vi mister noget, for så har vi jo undladt overhovedet at tage imod den gave, som tilværelsen netop er. Den gave at vi overhovedet eksisterer. Det bedste eksempel ville måske være at fravælge at elske eller holde af andre, fordi vi jo derved risikerer jo at miste noget. Vi risikerer jo at opleve smerten ved at andre fravælger os eller simpelthen ikke elsker os mere.

På samme måde er tilliden i sit grundvilkår også mistilliden overlegen. Vi kan ikke *med mening* leve et liv, hvor vi i udgangspunktet ikke har tillid til, at andre vil os det godt. Vi kan sagtens leve livet på denne måde, men vi kan ikke *med mening* gøre det.

Smil til det ukontrollerbare og de dage hvor du ikke evner det, kan det hjælpe at vende dig imod *trygheden, udlevelsen, refleksionen* og *det nærværende*. Disse er **eksistentielt retningsgivende pejlemærker** i tilværelsen. Lev livet ud sammen med andre. Vær nær ved andre og stil dig nærværende overfor verden. Stop op og reflektèr over det tiden og livet bringer og genskab tryghed, hvis du har mistet overblikket og/eller er kommet ud af balance.

Eksistentiel tryghed 7. – "Perspektiver og fortællinger".

Kunsten at *være* ... på rette sted.

Mening opstår, når den stemning man befinder sig i, stemmer overens med det sted, hvor man befinder sig i verden. Det vækker genklang, hvis der er overensstemmelse mellem sind og verden og der opstår det man kan kalde "stedlighed". Man hører hjemme eller man hænger ligesom sammen med omgivelserne, lyset, naturen, menneskene og verden. Det er derfor en kunst at være på det sted, som netop i dette nu, stemmer overens med ens grundstemning eller er i stand til at bringe én i en stemning af overensstemmelse mellem sind og verden.

Den der følelse af at høre til netop "lige her, lige nu". Og igen er det desværre ikke muligt at udpege bestemte steder, som altid vil vække eller genskabe oplevelsen af at høre til, men der kan sagtens findes strukturer eller konturer, som med større sandsynlighed vil bidrage til oplevelsen. Derfor er det ikke ligegyldigt, hvor vi bor og lever. Det kan nogle gange være ligegyldigt, om vi bor i en by, ved havet eller i en skov. Det kan også delvist være ligegyldigt, om vi bor alene eller tæt sammen med andre, luksuriøst eller primitivt. Det afgørende er ikke alene rammen. Det afgørende er, om man føler sig hjemme og får en oplevelse af det som man kan kalde "hjemlighed". Når der ikke kan udpeges bestemte specifikke lokationer for oplevelsen af hjemlighed, skyldes det at der spiller mange andre faktorer ind. Men det er stadig en kunst at være på rette sted. Det er ikke ligegyldigt, hvor man er.

Hjemlighed, oplevelsen af at høre hjemme, betinges af mange faktorer. Hvis man f.eks keder sig, skal man undertiden ud i et voldsomt stormvejr for at komme tilbage til sig selv. Er man stresset og tidspresset igennem en længere periode, så er der nogle gange helt konkret brug for et roligt miljø uden input, impulser og uro. Har man brug for at reflektere over tingene, så kan store horisonter være befordrende, ligesom man netop kan opleve sig inviteret til at reflektere over væsentlige forhold, hvis åbenhed og store vidder er tilgængelige for ens udsyn. Er tingene blevet uoverskuelige og har man fået sat gang i for mange forskellige projekter i for højt tempo, så kan det være hjemligt at genbesøge traditionelle, snævre kendte rammer, som understøtter genkendelighed, struktur og tryghed og simpelthen gøre kendte ting og bevæge sig langsommere. Juleaften tænder vi meget lys, som varmer i en mørk og kold tid og mindes om at lyset vender tilbage. Vi inviterer et perspektiv indenfor og skaber en hjemlighed, som vi er fortrolige med.

Et andet eksempel på værdien af stedlighed eller hjemlighed kan være muligheden for at bringe sig selv i positioner, hvor sandsynligheden for oplevelsen af nærvær med verden og naturen og det som er større end en selv, den øges. Dette kan f.eks. være hensigtsmæssigt, hvis man rammes af følelsen af tomhed og manglende tilhørsforhold til tilværelsen.

Nærvær modsvarer tomhed og genklang modsvarer tilværelsens forstummen.

I en tid præget af sandsynligheden for at miste evnen til at balancere sig i forhold til "tidslighed", der bliver Kunsten at være på rette sted accentueret. "Stedlighed" er medbetingende for "tidslighed" og omvendt, i den betydning at man kan ændre sindsstemning ved at tage ud af storbyens travlhed, ligesom man kan ændre sindsstemning ved at søge væk fra f.eks. stilhed og langsommelighed og ind til kulturer, steder og byers konstante pulserende summen.

Man kan være ude af trit med samtiden, som det hedder. Man kan være for langsom til at høre til og man kan også være for hurtig. Nogle gange skal man skifte opholdssted, fremfor at insistere på at skifte sindsstemning eller udvikle sig i retning af at høre til og passe ind. Måske er der ikke noget galt med en, men man trænger til at være et andet sted.

Det er desuden et ret stort ansvar, at lægge på sig selv, at høre til.

Vi holder af at tage dette ansvar på os, fordi det trods alt er mere trygt at have ansvaret end at henlægge det til andre. Men måske er tiden i stedet inde, til at være på rette sted. Tid til at befinde sig på "Meningens hjemsteder".

Kunsten at *være* ... sig selv.

"Selvet er det forhold, der forholder sig til sig selv" eller lidt anderledes formuleret, "selvet er det forhold, der forholder sig, til forholdet, til sig selv" hedder det hos Kierkegaard.

"Først igennem lyset af den andens syn på en selv, forstår og erkender man sig selv" eller "først igennem signifikante andre menneskers syn på, hvem man er, danner man sit selvbillede" hedder det (frit oversat) hos G. H. Mead.

Subjektivitet gennem intersubjektivitet hos Mead og meta-selverkendelse hos Kierkegaard i forståelsen af sig selv som *et forhold*.

Så hverken hos Mead eller Kierkegaard tager selvet afsæt i en, i traditionel forstand, klassisk subjektivistisk tankegang. Kunsten at være sig selv er ikke det samme som at være sig selv nærmest. Vi er det, vi er, i lyset af hinandens optik på os selv og andre.

Dette vurderes her som den rent erkendelsesteoretiske baggrund for at forstå mennesker. Der findes imidlertid en i samtiden herskende tolkning, som måske er en udløber heraf, nemlig overbevisningen om at mennesket først og fremmest er et flokdyr. Altså en overbevisning om at vores væsenstræk er defineret ved behovet for at være i flok med og anerkendt af andre. En sekundær (fejl)-tolkning ud fra dette ræsonnement ville være, at dem der er med i flokken, er de stærkeste og at de tilhører en gruppe af højtrangerende mennesker i kraft af at være valgt til af "de andre". Flokdyret er jo netop i utallige skildringer karakteriseret ved sin manglende refleksivitet. Det er ingen sag at blive populær blandt andre, men popularitet siger intet, om kvaliteten af det man selv bringer med sit væsen. Historien har massive eksempler på, at det netop er den der tør sætte sig op imod strømninger og tendenser, der med en høj grad af integritet virkelig er i stand til at skabe en værdifuld forandring eller bevarelse af noget sundt.

Så når man indenfor paradigmet omkring psykologisk tryghed antager at mennesket i langt højere grad, er et flokdyr end et moralsk væsen, så vil jeg hævde, at der er tale om et historieløst perspektiv, uden blik for modige modløbere som har gjort en kæmpe forskel uden nødvendigvis at være hyldet af medborgere i samtiden.

Modet til at bevare en høj grad af integritet på trods af risikoen for at blive udskilt, er en langt vigtigere egenskab for en sund kultur end alene evnen til medvirke til at alle kan føle sig trygge, i at sige hvad de tænker og føler i et fællesskab, som er skabt på baggrund af de fælles forventninger eller aftaler, man kulturelt har indgået på forhånd, uanset om disse måtte være eksplicitte eller usynlige i kulturen.

Vi kan ikke aftale, hvordan vi skal *være*. Det er et usikkert menneske, der helliger dette perspektiv. Der kan ikke laves regler for væren. Det er ikke alene en fejlslutning at antage det, det er også direkte usundt, at skabe et fællesskab baseret på nogle vedtagne elementer for, hvad der skal være til stede for at miljøet eller kulturen er det, man ville kunne kalde psykologisk trygt.

Nogle gange skal der jo noget psykologisk utrygt til for at skabe en sund forandring. Nogle gange skal man jo netop sige ting lige ud, direkte til hinanden, uden omsvøb og uden hensyn til, hvad det eventuelt måtte gøre ved den anden, for at genskabe sund eksistentiel tryghed.

Psykologisk tryghed er bestemt et anvendeligt redskab til at skabe menneskelig tryghed, men det er og bliver et redskab. Det udgør intet grundlag.

Kunsten at være sig selv bygger på modet til at anerkende og underkende sig selv om nødvendigt. Verden har brug for mennesker, der har evnen til at være sig selv. Og dette "selv", "ja", det er skabt i samspillet med andre, i den verden man altid allerede er kastet ind i.

Selvet er ikke et individ, et subjekt eller en kerne. Selvet er en konstruktion. Skabt i billedet af hvad andre forventer af én, i lige så høj grad som det man forventer af sig selv. Hverken mere eller mindre. Mead har ret. Vi skabes og skaber vores selv i lyset af *Significant others*.

Selvet er et forhold, der forholder sig til verden, andre og til forholdet til sig selv.

"Kunsten at være sig selv" er en evne på niveau med kunsten til at være alt muligt andet. Lad os ikke forfalde til at antage, at det er en eller anden højere rangs evne, som er nogle få forbeholdt. Men det er også en særlig evne ligesom alle andre. En evne samtiden og verden har brug for. En modets evne til at "stå ved noget selv" med bevidsthedens rettede blik, imod det forhold at vi er i verden, sammen med andre, i tid.

Kunsten at *være* ... sig selv – en fortælling.

"Hjem til mig selv"
Der sidder en lille fynsk pige på 2 ½ år i et telt på en campingplads i Kroatien. Det er 38 grader varmt. Hun har fået en legekammerat i teltet skråt overfor hendes eget.

Det er sådan et fly-campingkoncept, hvor man samler en flok danskere i samme område af campingpladsen Bijela Uvala. Fælles for de danske campister er, at de af forskellige årsager ikke har råd til et all inclusive ophold på et hotel. Dette er en billigere ferieløsning, hvor man stadig får adgang til pools, aktiviteter og legekammerater. Sådan lidt en retro-grisefestferie.

Både voksne og børn kan få nye legekammerater. Første aften er der mulighed for at deltage i et fælles grillarrangement ved langborde med de andre danskere. Ingen vælger dette fra, for man skulle jo nødig melde sig ud fra starten af.

Børnene finder sammen med børnene til de forældre, som forældrene har udset sig og fundet sammen med. Hyggeligt koncept hvor man kommer hinanden ved. Nogle er selvsagt mere tørstige end andre og selskabet bliver i løbet af få aftener delt op, imellem dem der lægger deres mindre børn i seng og bliver tæt på egne børn resten af aftenen og så dem som lader børnene falde i søvn i teltet for herefter selv at vende tilbage til retrofesten.

Pigens forældre har spurgt forældrene skråt overfor, om pigerne kan lege sammen. Den anden pige som er lidt ældre, har allerede været på besøg hos dem og se deres telt (som er magen til deres eget) og se pigens medbragte legetøj. Nu skal de prøve at lege hos den anden pige. Hun har mere Barbie legetøj end den mindste af pigerne. Faderen og pigen kommer nu over stien der adskiller teltene og henter den fynske pige. Moderen motiverer pigen til at gå med, mens hun modvilligt kigger op på sin mor. Den anden pige tager hende i hånden og siger "kom".

De går over stien og bliver taget imod med smil af moderen i det andet telt, som er pædagog og vant til at tage imod små børn i en daginstitution. Moderen tager noget legetøj frem og giver det til den lille gæst. Hun tilbyder hende også lidt frisk frugt, som hun tager imod, uden at registrere hvad det er. Den lidt ældre pige inviterer til at de skal lege sammen, men der er ikke meget respons. Den mindste kigger lidt tomt ud i luften og ved tydeligvis ikke helt hvorfor hun er der. Efter ca. 4 minutter siger hun stille, henvendt til legekammeratens mor på klingende fynsk, "nu vil jeg gerne hjem til mig selv".

Moderen smiler og kigger på faderen, som siger "kom" til pigerne.

De rejser sig og følges igen over stien til pigens telt. Den mindste piges mor smiler og siger "vil du hellere lege herovre"?

Den lille pige nikker tavst og pigerne leger videre sammen i hendes telt med hendes legetøj.

"Hun ville bare gerne hjem til sig selv" siger den ældre piges far og smiler. Moderen smiler og nikker tavst.

Kunsten at *være* ... tilgivende.

Kunsten at være tilgivende kan defineres som evnen til at give det tilbage, som tilhører den anden. I Løgstrupsk forstand bærer vi altid noget af ansvaret for hinanden i vores hånd.

I selve mødet og i selve udgangspunktet for at være i verden sammen bærer vi altid allerede noget af ansvaret for den anden og for hinanden.

Vi kan ikke vælge at lade være. Vi vil altid i udgangspunktet være defineret af tilliden til den anden og os selv. Tilliden til at vi i udgangspunktet vil varetage dét, den anden lægger i vores hånd. Den del af den andens liv, glæder og sorger som vedkommende betror os at tage vare på, vil vi ikke kunne undsige os at tage imod. I praksis "jo", der kan vi. I realiteten "nej". Der kan vi ikke.

Selv i afvisningen af den anden tager vi ansvar og stilling til den anden. Vi tager også ansvar ved ikke at tage imod den anden og ved ikke at tage ansvar for det den anden med sin tillid viser os af sig selv.

At hævde at man ikke tager imod den anden i tillid, giver ikke mening. Heller ikke i logisk forstand.

Svigtes denne tillid nu undertiden af den anden eller af en selv, da har vi brug for at kunne tilgive os selv eller andre.

Vi kan ikke undslippe bevidstheden om svigtet. Vi kan ikke sige undskyld og herved få det til at forsvinde. Syndsforladelse er en forvrænget udgave af relationen mellem mennesker.

Vi kan derimod godt give ansvaret tilbage, til den der viste os tillid. Vi kan åbent sige til den anden, at nu giver jeg dig ansvaret tilbage, for den tillid du viste mig. Dette betyder ikke, at jeg ikke vil tage imod din tillid en anden gang, for det man ikke undlade, men man kan godt vise den anden tillid til, at vedkommende selv tager vare på det, som vedkommende selv vælger.

Hvis den anden så opfører sig uansvarligt overfor andre eller sig selv, så er det vedkommendes eget valg. Det at give ansvaret tilbage er ikke det samme som ikke at tage imod næste gang. Det første er et udtryk for et bevidst reflekteret valg. Det andet er eksistentielt betinget og et udtryk for selve det faktum, at vi altid allerede er født ind i verden sammen med andre.

Man kan godt give noget tilbage til en anden. Man kan godt tilgive den anden, om end vedkommende ikke altid vil tilgives.

Kunsten at *være* ... tilgivende – en fortælling

"Du skal ikke tilgive mig".

Jeg **vil** ikke tilgives, sagde en mand faktisk engang. Kan man ville det, tænker du måske. Denne mand kunne.

Han levede et liv i mellemtiden. Han havde næppe betegnet sig selv som lykkelig, men ej heller ulykkelig. Han havde engang gjort sin veninde fortræd. Ikke fysisk men han havde svigtet hende kategorisk og fundamentalt ved ikke at evne at være der for hende, da hun havde brug for ham. Kontakten imellem dem var aldrig brudt helt sammen. De så hinanden et par gange om året og udvekslede almindeligheder. Der var ingen reel kontakt imellem dem længere. Smerten og bøvlet ved ikke at ses var blot større end overfladiskheden ved fortsat at ses.

Nu ville skæbnen at veninden havde fået en kæreste, som var et sted i livet, hvor han var ovenud optaget af at få andre til at få det bedre med sig selv. Du kender typen, men det var velment.

Silje som veninden hed, lyttede længe til kæresten, som efter en lidt lang enetale en aften til sidst nåede frem til, at Silje nok ville få det bedre, hvis hun bad sin gamle ven om tilgivelse.

Silje indvendte, at det da var hende, der skulle tilgive vennen, da det jo var ham, der havde gjort hende uret.

Hun havde været alene og knust, da han blot forlod hende dengang. De var venner, men grænsen blev indimellem hårfin. De gik i byen og sad ofte alene tilbage på en cafe i Latinerkvarteret en sen lun sommernat, hvor man kunne sidde udenfor. De var ikke forelskede i hinanden. Hun var i hvert fald ikke forelsket i ham, men disse nætter fulde af latter og dybde og ufarlige kærtegn var helt unikke.

Hun kunne ikke huske andet end stemningen og smagen af "Sort Guld".

"Beaujolais-aftenerne" var også med i minderne, når den kom hjem en gang om året. Måske var det en af disse aftener, hvor den unge franske drue angiveligt blev kørt ind til cafeerne. Fortællingen om at de hurtigste biler havde kørt om kap, for at være de første der nåede indre by, skabte den helt særlige stemning omkring vinen, der smagte lidt af banan. En ellers mildest talt middelmådig vin, smagte denne aften, en gang om året, helt særligt. Man havde vel en mistanke om at vinen allerede var i hus og at den sportsvogn, man brummende lod køre helt op til cafeernes hoveddør, nok i virkeligheden tilhørte cafeejerens nabo derhjemme i Hammel og chaufføren nok i virkelighed blot havde kørt en lille omvej ned omkring Skanderborg for at tage det sidste stykke motorvej på små 20 kilometer op mod Aarhus, så motoren i det mindste var varm, når den nåede frem.

Alle legede blot med, for det var langt sjovere end at ødelægge den gode illusion. Vi har jo brug for vores fortællinger.

En sådan aften har det nok været. Silje og Thomas holdt altid i hånd hen over bordet. Natten var lun. Gæsterne gået hjem. Der var ikke brug for flere ord, men kærtegnene smagte af mere. De gik hjem sammen og var sammen. En smule trykket stemning den næste morgen, huskede hun. Thomas derimod var helt rolig. Der gik noget tid. De gik hjem sammen en enkelt gang mere, men magien var ovre, syntes hun.hun mærkede forskellen i sindet, før hun mærkede den i kroppen 3 uger senere. Hun var gravid. De talte sammen. Han havde i mellemtiden mødt Helene, som han her 32 år senere var gift med og havde 2 børn med. De var enige. De skulle ikke være forældre sammen. Den næste tid forsvandt han. Hun klarede alt alene. Aborten, smerten, savnet og ensomheden. Hun bad ham ikke om at være der for hende. Hvis han ikke selv kunne regne det ud, så skulle han heller ikke være der. Tiden gik. De mødtes igen flere år efter og blev gode venner igen. De var gode venner nu. Hun holdt fortsat meget af ham.

Så det var da hende, der skulle tilgive ham, gentog hun. Kæresten smilede blot lyttende til hende.

"Ok" sagde hun, så tilbyder jeg ham min tilgivelse. Stadig intet svar.

Silje ringede til sin gamle ven og de aftalte at gå en tur sammen. Kun de to. Efter nogle indledende snakke om løst og fast henledte Silje snakken på det, der var sket imellem dem for mange år siden. De havde aldrig talt om det siden. Det hang blot usagt i luften imellem dem. Hun fortalte ham, at det var ok nu og at hun havde tilgivet ham for at svigte hende dengang.

Han stoppede op på stien og med en blanding af grådkvalt stammen og vrede svarede han, at hun ikke var i en position, hvorfra hun nogensinde igen skulle tale om at tilgive ham.

Jeg vil ikke have din tilgivelse, sagde han. Du har ingen ret til at stille mig sårbar på ny.

Jeg har for længst tilgivet mig selv, så det skal du ikke bekymre dig om. Håber du har gjort det samme.

Kunsten at *være* ... forsonende.

Man kan være den bedste rådgiver i verden. Man kan være den bedste supervisor. Man kan være en fortrinlig terapeut, som udfrier andre fra deres smerter og traumer. Man kan være en fremragende coach, som giver nye handlemuligheder. Man kan være verdens bedste parterapeut og konfliktløser og hjælpe andre dagen lang. Man kan være en fremragende konsulent, som gør lidt af det hele.

Fælles for alle disse roller er, at den som især udmærker sig indenfor sit fag, vil evne Kunsten at være forsonende. Der findes forskellige niveauer af rådgivning, supervision, coaching og terapi, som er funderet i indsigten i, at forsoning går begge veje. Den fordrer noget af både terapeut og klient, af supervisor og supervisand, af coach og coachee.

Det øjeblik hvor forsoning indfinder sig, vidner med sin stilhed om dette. Det rørende øjeblik hvor 2 mennesker ser ind i det uundgåelige. Den korte pause hvor eftertænksomheden stille griber ind og vidner om en stemning af accept.

En slags kærlig overgiven sig til et vilkår.

F. eks. når to som engang elskede hinanden, ikke længere skal være sammen og det netop nu er gået op for dem begge. Den forsonende smerte i det øjeblik. Et øjeblik fyldt med smerte, men også fyldt med tilgivelse. Det tillidsfulde moment hvor man på godt og ondt lader den anden gå og samtidig bevarer blik for egne fejl og mangler, med respekt for historien.

Det kan også være, hvor den ene af to gamle venner, skal forlade livet inden længe og begge parter ved det. De behøver ikke sige det højt. De ved begge, at det er sådan det er. De forsoner sig med vilkåret.

Denne næsten "overmenneskelige" evne til i højere grad at være forsonende vidner om en høj grad af livserfaring. Man kan ikke alene læse sig til denne evne. Man må tillige leve sig til den. Man må erfare sig til den og opleve sig til den.

Man kender den forsonende på smilet, står der vist skrevet et sted. Man råder ikke alene bod på noget, når man forsoner sig. Det er dette, der ofte kommer til udtryk på film, når der er nogen, som ikke lader andre købe deres integritet for penge. Krigsforbryderen som genkendes af offeret efter krigens rædsler, kan ikke råde bod på sine gerninger ved at betale aflade for sine synder. Her rækker guld og penge ikke.

Forsoning er et fælles anliggende.

Forbryderen kan forsone sig med sin ugerning og offeret kan

forsone sig med sin skæbne, men man kan ikke handle det af. Ingen har jo, aldrig, gjort andre ondt. Det ved alle. Alle har såret andre og sig selv.

Kunsten at være forsonende er et gensidigt anliggende, som ligeledes kan være i forholdet til verden. Det er på høje tid, at vi forsoner os med den verden, der allerede var der, før vi blev født og det er på tide at vi fremtræder taknemmelige overfor tilværelsen som vilkår. Så længe vi alene forbruger af verden som ressource, står vi ikke i et reelt forhold til noget andet end os selv. Muligheden for forsoning vil ikke være en reel mulighed, hvis ikke vi ser os selv i et reelt forhold til noget andet. Resonans fordrer at noget står i forhold til noget andet. Verden vil først svare, når vi begynder at lytte. Forsoning er et respektfuldt anliggende, som kræver, at man rent faktisk lytter til andre og til omverdenen.

Kunsten at være og leve forsonende er måske noget af det vanskeligste overhovedet, for det kræver både mod, indsigt, respekt og accept. Den forsonende genkendes på smilet.

Kunsten at *være* ... forsonende – en fortælling

Det er lidt ligesom, med den der gamle farmor ikke?

Sådan en ældre dame man kan komme til, som lytter uden at kommentere. Måske nikker hun lige ind imellem og smiler forstående til det man siger. Snart overbærende, dernæst ironisk smilende. Fra tid til anden tager hun din hånd og holder den imellem sine rynkede bløde hænder. Hendes hænder er ikke så varme, som de var engang. Hun har en dåse til småkager i skuffen. Men der er ikke småkager i. Der er store femkroner i. Kan I huske hvor store de var i 1980érne?

Du siger aldrig nej, når hun tilbyder dig en småkage fra netop den dåse. De bliver ikke for gamle.

Den omsorgsdragende ro der hersker omkring en sådan aldrende farmor. Det er den, der er brug for igen i verden nu. Den uegennyttige accepterende udstråling, som undertiden er nødvendig for at andet kan gro. Som dråber af vand for en tørstig blomst, der for længe har stået for sig selv i solen. Denne ro som er nødt til at være opfyldt af en dyb tillid. Ikke en naiv tillid til andre mennesker, men en tillid til sig selv i verden, fordi man har bevist, hvad man er værd og en tillid til, at det er værd at være i verden.

En sådan ro kan en gammel farmor nogle gange besidde. Det pudsige er, at evnen til at udleve denne ro ikke beror på at have gennemlevet et godt og ubesværet liv. Der ses utallige eksempler på at mennesker, som har oplevet stor modstand og modgang i livet, til trods herfor, er i stand til at smile af livets tilstødelser med en form for accept af det givne.

Modsætningsvis kan man imidlertid ikke konkludere, at det netop er modgangen, som gør stærk. Det er en velkendt misforståelse, at vi bliver stærkere af at klare os igennem kriser. Det du ikke dør af, gør dig ikke stærkere. Måske mere robust, men robustheden er blot et tykt skjold, som vi kan holde foran sårbarheden. Man bliver tykhudet og måske mere modstandsdygtig i betydningen af at holde noget udenfor sig selv og oparbejde øget ligegyldighed, men når alt bliver stille, er man stadig ène.

Per Revstedt ved det. Dorthe Birkmose må også antages at vide det. Af modgang bliver vi gode til at overleve, men vi bliver ikke bedre til at leve. I et fællesskab omkring den fælles fjende finder vi kortvarigt fred for egne dæmoner, men vi forsoner os ikke.

Den gamle farmors forsoning med tilværelsen beror hverken på gennemlevet "tur i den" eller modgang. Den beror på evnen til at se, opleve og skabe sammenhæng i det der sker. Det er en sjælden gave at kunne stå med ro i sindet på Herrens mark og lade livets genvordigheder hvirvle i vinden omkring sig uden at føle anledning til anfægtelse.

Et mere nutidigt eksempel er evnen til at hvile i sig selv i en påfaldende ligegyldig diskussion ved et middagsbord, hvor meningsudvekslinger over politik og pandemier fyger hen over bordet.

Kun hvis grænser overskrides, findes der grund til med tydelighed at blande sig.

Resten er bare ord.

Først ved grænseoverskridelse er der behov, for at der drages omsorg for enhvers ret til at være til, for først her forstyrres muligheden for at skabe sammenhæng. Den sjældne evne til at skabe sammenhæng i det der ikke giver mening, er derfor også en særlig disciplin, som kræver stor selvindsigt. Her foregiver man let for sig selv, at man med viden, klogskab eller sensibilitet, er uretfærdighed og meningsløshed overlegen.

Men den gamle farmor spørger i stedet til din stemning, dit åndedræt og dit toneleje. Her afsløres selvbedrageren altid. Hvordan har du det? spørger hun.

Det er ikke uden grund at Zen-mestre og meditationsguruer træner deres åndedræt, men træner man dermed også evnen til at opleve og skabe sammenhæng? Måske.

Den trænede snorkeldykker vil have oplevet gråzonen mellem værenstilstanden under havets overflade, hvor vejret kan holdes i flere minutter ad gangen og den fysiske grænse for opretholdelse af sit liv. En næsten magisk euforiserende tilstand forestiller man sig, hvor væren møder det værende.

Måske er det hele en træningssag? Måske er det en medfødt evne? Måske en blanding, som kommer til udtryk hos den forsonende, som forsoner.

Kunsten at *være* ... fordømmende.

Tid til fordømmelse?

Teksten fra Bob Dylan klinger stille af.
every man's conscience is vile and depraved
You cannot depend on it to be your guide
When it's you who must keep it satisfied
Det er nærliggende at forfalde til at dømme, hvad der er god og dårlig stil, dømme andre for deres valg og samtidig argumentere for retten til at være sig selv nærmest, når andre udfordrer én på egne valg. Men findes der reelt grundlag for at være fordømmende? Findes det tilfælde, hvor man skal stole på og følge sin fordom?

Vi gør det jo hele tiden alle sammen. Vi er blot ikke bevidste om det. Ubevidst fordømmende er vi hele tiden. I trafikken, i lufthavnen, i køen i supermarkedet, i nattelivet, på arbejdspladsen og i familien. Berettiget og uberettiget er vi ubevidst fordømmende. Når vi ser tv, taler om andre og så videre.

Det springende punkt er, om man kan stole på sit sind og sin samvittighed i forhold til bevidst at være fordømmende og fordoms-fuld. Altså om man med rette kan insistere på og fastholde retten til at dømme andre og sig selv på forhånd. Man kan komme med nok så mange erfaringsbaserede argumenter for at dette skulle være be-rettiget, men det ændrer jo ikke på, at man godt ved, at man, i hvert fald i teorien, kan ske at tage fejl i et konkret tilfælde.

Nogle gange skal man jo forstå et forhold igennem sin egen mod-sætning, så man kan spørge sig selv, om det altid uden undtagelse er forkert at være fordømmende. Hvilken holdning er det mon egent-ligt, der ligger til grund for denne synsvinkel.

Fodrer man i virkeligheden ikke det samme fordomsfulde dyr, når man vurderer eller fordømmer den fordomsfulde?

Der findes utallige eksempler på omvendt fordomsfuldhed, hvor en minoritet fordømmer modparten for at være fordomsfuld.

"Wallah du er racist", "Du synes jeg er mindre værd, fordi jeg er handicappet", "Du vil ikke acceptere mig, fordi jeg er homoseksuel", "I ansætter mig ikke, fordi jeg har ADHD".

Alle disse fordomme om andres fordomme er velkendte og slet ikke nødvendigvis berettigede, men det interessante i denne sam-menhæng i forhold til "Kunsten at være" er mere, *hvorfor* vi kommer til at være fordømmende, end om vi har ret, når vi er det.

Ud over de åbenlyse gevinster i form af at skabe et kunstigt fæl-lesskab sammen med andre, mod nogen, kan man argumentere for, at den fordømmende opnår en høj grad af tryghed. Ved at kategori-sere andres intentioner på forhånd afgrænses landskabet af mulige farer, disse andre kan udsætte en for jo. Vi får ligesom styr på omgi-velserne og kan afgrænse os. En art psykologisk eller kognitiv tryg-hed hvor vi skaber overblik over omverdenen og som sådan en vær-difuld manøvre i forhold til at sikre egen overlevelse.

Som overlevelsesmekanisme er fordømmelse en god ting.

Men i forhold til at være levende mangler der noget. Der mangler erkendelse. For vi ved dybest set godt, at vi ikke kan kategorisere ver-den på forhånd. Vi kan ikke på forhånd dømme andre. Vi ved godt, at vi tager fejl ind imellem. Erkendelsesteoretisk giver det derfor ikke mening at være fordømmende. I modsætning til at være naiv gør det. Det kan være en yderst praktisk foranstaltning. Men i forhold til at leve går man, som fordømmende, glip af alt for meget.

Kunsten at være fordømmende består derfor i at erkende fordømmelsens berettigelse. Som afgrænsningsredskab og i forhold til at skabe overblik er det bestemt en legitim tilgang. At lade sig begrænse af at det at være fordømmende er forkert, ville være det samme som at lade sig styre af en fordom. Fordomme er ikke altid forkerte. Men fordømmelsen har sin erkendelsesmæssige begrænsning og rummer ikke tilstrækkeligt menneskets grundlæggende behov for at realisere sig selv, udvikle sig, reflektere tilstrækkeligt og opleve tilstrækkeligt med nærvær.

Kunsten at *være* ... fortvivlet.

Fortvivlelse er først og fremmest et indre fænomen. En ekstremt ubehagelig tilstand af manglende evne til at beslutte sig. En slags hvileløs vandren fra den ene pol til den anden. En art lammelse. En blanding af desperation, depression, stress, angst og afmagt. Voldsom cocktail.

Men fortvivlelsen er også mulighedernes mulighed. Fortvivlelsen er også åbningen til selvets port. Fortvivlelsen er den der hovedret, man skulle igennem som barn, for at man kunne få lov til at få dessert. Man kan ikke springe den over. Så virker det ikke.

Kunsten at *være* fortvivlet består i høj grad i evnen til, at blive i en tilstand længe nok til at man bliver fortrolig, med det der presser eller udfordrer en. Flugt er ikke en reel mulighed. Erkendelse og accept er nødvendigt. Man kan godt flygte fra fortvivlelse psykologisk set og man gør det hele tiden i bestræbelsen på at overleve, men i forhold til at leve hjælper flugt ikke. Det er lidt ligesom at have et tilbagevendende mareridt, hvor der er noget efter en. Sindet prøver i drømmen at gøre alt muligt, for at bekæmpe det der kommer efter en. Men det forsvinder ikke. Man kan slå nok så mange monstre ihjel, men der bliver ved med at komme flere. Kunsten består i at turde være fortvivlet.

Nu er mit ærinde jo ikke psykologisk eller terapeutisk, men det skal naturligvis her anerkendes at den psykologiske samtale, den terapeutiske samtale eller enhver anden form for kropslig eller erkendelsesmæssig terapi, her har en kæmpe berettigelse. Den udfriende forløsende samtale, hvor man, måske for første gang, ser i øjnene, at man er drevet af noget fra ens barndom, traumer eller forhold eller hændelser, der ligger endnu længere tilbage i historien.

I mange kulturer findes der stadig eksempler på, at man forsøger at forstå egne traumer og fortrængninger gennem forståelsen af sine forfædres oplevelser, relationer og handlinger. Denne form for tro på at der findes iboende nedarvede mønstre og gestalter kan bestemt have sin berettigelse og der kan vel ikke herske tvivl om, at hændelser fra egen fortid, barndom og ungdom kan manifestere sig uerkendt senere i livet i form af psykiske fænomener, som sorg, vrede og frustration. Erkendelsen, terapien og analysen har her sin absolutte berettigelse.

Jeg er blot ikke psykolog og skal derfor ikke lege ekspert på dette område. Men perspektivet har absolut sin berettigelse og stemmer så fint op imod det at have blik for, hvad det vil sige at være i stand til at være fortvivlet.

Det at være fortvivlet er jo formentlig et menneskeligt grundvilkår. Vi kan ikke flygte fra det. Men vi kan blive bedre til at være fortvivlede uden nødvendigvis at behøve blive syge eller ulykkelige af det. Når man taler med et fortvivlet menneske, vil man hurtigt erfare, at alene det at man tager sig tid til at være sammen med et fortvivlet menneske, har en berettigelse.

Det er mao. sjældent en god ide at være alene, når man er fortvivlet. Man ser indenfor psykiatrien i disse år derfor også flere og flere tiltag i retning af, at stille en relation til rådighed for et menneske der er ude af sig selv. Man bevæger sig i stigende grad i retning af at supplere medicin og terapi med nærvær og relation.

Indledningsvis skrev jeg i dette afsnit, at det var en voldsom cocktail, når man blander desperation, depression, stress, angst og afmagt sammen. Ingen grund til at tilføje ensomhed til den drink.

Man taler ofte om, som fagperson, at stille sit nervesystem til rådighed for den fortvivlede, den syge eller den afmægtige. Fagpersonen udlåner i virkeligheden, i dette perspektiv, lidt af sin sindsro og evne til simpelthen at være i noget uhåndterbart.

Heri ligger kunsten.

Der findes mange berettigede redskaber til at blive i stand til at gøre dette selv og blive i stand til at være denne for en anden.

Vejrtrækning, tælle til 10, Low Arousel, mentalisering, yoga og NADA er nogle af redskaberne.

Men lad mig holde fast i at denne bogs ærinde ikke er at løse problemer. Dette er ikke en helbredelses-opskriftsbog, som skal quickfixe verden. Den slags bøger findes der allerede rigeligt af.

Det er en perspektiveringsbog. Derfor skal der heller ikke dykkes længere ned i, hvad der måtte være mest virkningsfuldt i forsøget på at fjerne forhindringer hurtigt her og nu.

Kunsten at være fortvivlet er derfor et helt reelt erkendelsesanliggende, der vil være med os på hele livets vej.

Det vi skal lære, det er at *være*.

Turde være fortvivlede for det er vi helt grundlæggende.

Denne kunst, denne evne, kommer og går i bølger. Den tilkommer den enkelte i kortere eller længere perioder. Jo bedre man er til at nyde de perioder, som er præget af fortvivlelsens modsætning, jo bedre stiller man sig i livet. Modsætningen er ikke ufortvivlethed eller lykke. Modsætningen til fortvivlelse er oplevelsen af balance.

Oplevelsen af at balancere, dét der ér.

Kunsten at være fortvivlet er derfor også en tilbagevendelsens kunst. En gentagelsens kunst. En acceptens kunst af at livet giver og verden bringer. Tilværelsen tilbyder på godt og ondt. Men hvordan vi vil være i det, det er delvist op til os selv. Kunsten at være fortvivlet er evnen til uforfærdet at stirre ned i afgrunden i erkendelse af, hvor små vi er i en større sammenhæng uden at forfalde til at begynde at flygte. Dette er svært. Det er kunst.

Kunsten at *være* ... fortvivlet – en fortælling.

"Jeg vil bare gerne forblive fortvivlet, sagde et menneske aldrig"

Man løber afsted. Først anstrengt, funderende over tiden, så mere afslappet. Der er brud i åndedrættet. Det skifter mellem ubesværet og åndeløst. Man overvejer at gå. Det ville også være hyggeligere på en måde, siger hjernen. Og fuldt ud forståeligt. Der er jo ingen andre, der forventer noget herude. Hvor langt mon man har løbet? Hvor langt er der hjem? Det blæser også. Der kommer et par gående i vejkanten ud til kornmarken. De hilser anerkendende. Man er vel ikke for stor til forfængelighedens "hurtige sukker". Vejen drejer og man løber ind på en skovsti der snor sig igennem en tunnel omkranset af bøgetræer. Æstetikken indvirker, men tanker optager fortsat sindet. Rentesatser, arbejdsrelationer og ting man ikke skulle have sagt. Man mindes om vigtigheden af timingen i sine indgreb. Man kan godt elske sine konflikter og stadig være nødt til at rydde op efter sig selv. Det handler jo ikke om, hvem der har ret, for det giver ingen ro at have ret. Rethaveri ophæver ikke rastløshed. Forsoning gør måske. Men forsoning med hvem? Man må dog først og fremmest forsone sig med sig selv, med sit selv.

Vejen drejer og det går stejlt opad. Pulsen stiger. Efter genvunden luft på toppen indfinder den sig. Rytmen. Uden at man opdager det, løber benene pludselig af sig selv. Man mærker ikke sit åndedræt. Man løber bare i en monoton rytme. Livet kredser omkring sig selv. Den naturvidenskabelige forklaring er simpel. Sukker til hjernen. Adrenalinudløsning. Løbere kender det. Arousal pibler op igennem kroppen og man ér bare. Det varer ved et stykke tid. Så bliver man træt og lunter hjemad. Men tankerne, bekymringerne og overvejelserne hørte op for en stund. Noget konstruktivt har indfundet sig. Man har forladt viljen der på stien for en tid og gået med trivslen og lysten i stedet. Lysten til at være og skabe på ny. Man tager mulighedernes Allè hjemad og der er balance i tingene. For en stund ufortvivlet. Man gør sine ting.

Dagen efter løber man igen. Først anstrengt, siden mere afslappet. Man ved den er derude et sted. Forløsningen. Man smiler til livet.

Kunsten at _være_ ... rig nok.

Eskalation som grundlag. Heri ligger kimen til fremmedgørelse. Fordi den i princippet er uendelig. Selv hvis man indhentede sig selv i et hamsterhjul, hvor man selv var drivkraften til hjulets bevægelse (hvilket selvsagt er logisk umuligt), men selv hvis man gjorde, ville hjulets diameter altid kunne forøges lidt. Det man stræbte efter, kunne altid blive lidt længere, højere og hurtigere.

For ikke så lang tid tilbage i den vesteuropæiske historie stræbte man stadig efter at blive rig nok til kunne overleve. Da de fleste efterhånden blev i stand til dette i takt med udviklingen, blev målet at blive rig nok til, at man havde nok til hele livet. Herefter eller samtidigt hermed blev målet at være rig nok til at forsørge sig selv og sine nærmeste i hele livet. Da dette er en reel mulighed for de fleste i den vesteuropæiske verden i dag, så er dette heller ikke længere formålet med rigdom.

Rigdomsbegrebet er blevet udvidet til også at rumme luksuriøse behov og rigdom omhandler ikke alene at sikre dine nærmeste i denne generation, men også i de næste generationer.

Vi kan både sikre os selv, vores børn, børnebørn og oldebørn osv. Mængden af behov og antallet af mennesker, for hvis rigdom, vi kan tage ansvar, er uendelig. Når vi ikke længere kan finde mere at give til os selv og vores familie og venner, så kan vi altid donere til velgørende formål i det uendelige. Problemet består ikke i, at vi gør dette. Problemet består i tænkningen, der ligger bag. Det er aldrig nok. Vi kommer aldrig i mål. Kriteriet bliver konkurrencen for konkurrencens skyld, i stedet for at kriteriet bliver ro og balance.

"Hvis ikke man er i udvikling, er man under afvikling", siger et af samtidens måske mest forvrængede udtryk. Det er jo i princippet fuldstændigt korrekt, under forudsætning af at det er den interne konkurrence, man er i med sig selv og sine konkurrenter, der definerer, om man er en succes eller ej. Grækenland er godt eksempel på dette. Et land som ikke har været i stand til at reproducere sig i takt med andre lande omkring sig. Et forgældet land som resten af europa velvilligt låner penge til for at opretholde de (frie)muligheder, som klimaet i landet bringer.

I dette perspektiv er Grækenland jo en fiasko. Som mennesker er det græske folk, dog heldigvis ikke blevet mindre værd.

Pointen her er imidlertid ikke at identificere, hvem der klarer sig bedst indenfor denne forøgelseslogiske tænkning. Pointen er at minde om, at man aldrig kan blive rig nok i dette paradigme. Målet er uendeligt og som sådan fremmedgørende og potentielt set menings-fratagende. Det bliver på et tidspunkt ligegyldigt. Bemærk gerne at dette er en analyse. Jeg er ikke og kender næsten ingen, som er så rige, men det ændrer ikke på rationalet. Når målet med ens virksomhed er at tjene mere, end man gjorde året forinden, så tjener man aldrig nok.

Det er derfor, det er en god og sund bevægelse at spare op til en oplevelse sammen med andre. Derfor er kortklubben en god ide. Kortklubben hvor det man taber til hinanden, går i en fælles pulje til en tur til udlandet *sammen* med kortklubbens medlemmer. Her bliver målet ophøjet af behovet for fællesskab og målet er en fast defineret ramme, som man på forhånd kan aftale. Rammen er ikke uendelig. Men hvor ofte forfalder vi ikke til at sidde og snakke om, hvad vi i stedet skal, næste gang vi skal afsted? Hvad vi skal mere, større og dyrere. Når vi er ude og spise den skønneste middag, hvor ofte forfalder vi da ikke til at tale om, hvor vi skal hen og spise næste gang. Socialt kommer vi til at gøre det samme. Vi kommer til at tænke *på* og tale *om*, hvem der også lige skulle have været med i dette selskab. Men bliver det nødvendigvis bedre af at blive større og af at der er flere med?

Eskalation som grundlag. Det er det, vi skal være bevidste om, hvis vi vil have det anderledes og være i livet på en anden måde. Det er "livsmåde" og "væremåde" denne bog handler om. Ikke rigtigt og forkert. Stortrives man meningsfuldt med at leve et liv i konstant konkurrence med sig selv og andre, så er alt godt. Så skal man leve sådan og have det godt med det, for det er der på ingen måde noget forkert i. Men det at være bevidst om, at et uudtalt samfundsmæssigt forøgelsesgrundlags idealer ikke nødvendigvis behøver være ensbetydende med at opleve sig selv som succesfuld, vellykket eller mislykket, det er værd at være bevidst om.

Man kan (i sig selv) være den bedste mor i verden, uden at dette betyder, at man derfor har udkonkurreret alle andre mødre i verden.

Man kan bruge tiden på den mest nytteløse måde og stadig have den bedste dag i hele sit liv. Man kan male det mest upåagtede maleri, som ingen anerkendelse nogensinde vil få og dog have skabt et mesterværk for sig selv og sin måde at være i verden på. Man kan med rette udføre den mest egoistiske gerning i livet og være fuldt ud tilfreds med sig selv. Det handler om bevidsthed, ikke om rigtigt og forkert.

Kunsten at *være* ... rig nok – en fortælling.

"Nu gider jeg ikke være rigere", sagde et menneske aldrig.

Der herskede i verden, på den tid, en illusion om, at man fik det bedre, hvis man havde uendeligt mange penge. Det var egentligt så rigeligt påvist at være usandt, men der herskede til stadighed et behov for at bevare illusionen.

Dels af åbenlyse årsager såsom producenters ønske om at opnå egen vækst gennem ideen om og troen på at andres lykke, rent faktisk var betinget af deres mulighed for at få adgang til det de producerede.

Men også af dobbeltillusoriske årsager, i form af behovet for at bevare illusionen for sig selv af frygt for, hvilken ideologi der skulle tilsidesætte ideen om demokratiet som fundamentalt understøttende for velstand og velfærd. Hvis ikke vækst og rigdom var grundlaget for velstand og høj levestandard, så ville behovet for demokrati svækkes. For hvori består demokratiets ypperste opgave egentlig i dag? spurgte man sig selv, hvis ikke i at dele og fordele de goder, som vi alle tror på, vil gøre os lykkeligere. Ingen i den vestlige verden sultede jo længere. Alle kunne leve og overleve.

I en lille bjergby i Schweiz gik en mand ved navn Bernd Gorz rundt i sin hytte. Han ryddede op og fandt en dag en gammel bog skrevet i 1970èrne. Han bladrede i den. Ingen havde øjensynligt læst i den. Den handlede om "økofascisme". Bernd blev optaget af bogens indhold og hæftede sig ved pointen om, at udvikling aldrig er lineær. Han kom til at tænke på sin højskoletid, hvor han havde siddet i rundkreds og sunget med på "Små hjul, små hjul kan flytte store ting" og følte sig pludselig på ny som et lille hjul.

Han tænkte at det gamle udtryk om at "Culture eats Strategy for Breakfast", faktisk ikke gjaldt som paradigme længere. I alt for mange år havde det nok i virkeligheden forholdt sig modsat i den vestlige del af verden. Strateger satte dagsorden. Kulturforskere, historikere og sociologer lyttede man til, under forudsætning af at det de fandt frem til, det passede ind i strategien. Ellers nøjedes man med at ryste overbærende på hovedet af disse "Idealister". "De havde ikke et realistisk forhold til verden", sagde man. "De forstod ikke, at uden penge så kunne man ikke skabe vækst og så kunne man ikke styre verden".

Bernd gad godt at have mere. Han gad godt være rigere, tænkte han og lagde bogen tilbage på hylden. Han havde mest af alt lyst til at smide den ud. Han brød sig ikke om den. Men som alle der har erkendt noget for første gang eller på ny, hvis man har glemt det vil vide, så vækker det åndedrætsbesvær og kvalme at parkere sandheder.

Bernd fik svært ved at trække vejret ret meget længere ned end til toppen af brystet. Han gik til kiropraktor og intensiv massage, for noget måtte have sat sig fast i ryg eller bryst. Det hjalp for en stund, men søvnen ville ikke rigtig følge med og han havde været der før og vidste godt der ikke var nogen vej udenom.

Bernd fandt bogen frem og lod den blive fremme. Få dage derefter stiftede han "Folkebevægelsen mod illusionen om at økonomisk vækst er en forudsætning for høj levestandard og livskvalitet". Bernd blev ikke populær. Han blev ikke kendt og han fik ikke mange følgere. Men han kunne igen trække vejret dybere og kunne nu ind imellem sige "Jeg har faktisk nok og ellers så er det faktisk godt nok alligevel".

Kunsten at *være* ... næstbedst.

"Det næstbedste" – et perspektiv på Kunsten at *være*.

Nogle gange skulle man måske nøjes med at gøre sit "næstbedste". Måske fravælge VIP-billetterne og tilvælge de der ganske udmærkede billetter, som er fine nok. Vælge at være glad for en ok ferie i stedet for at tilvælge luksusferien, selv om man har råd. Minde sig selv om tilhørsforholdet til verden og livet i dette lille aktive tilvalg af "godt nok". "Nyd livet", som Erik Clausen siger til Mikael Bertelsen umiddelbart inden sin død.

Hvad nytter det, at man hele tiden er den bedste udgave af sig selv og hele tiden bruger tiden optimalt, hvis man sover dårligt om natten.

Det næstbedste kan godt være det bedste, hvis det afspejler, at man undervejs i sit valg har smilet til livets ironi i form af at kigge ind i, hvor lidt vi i virkeligheden er herrer over, når det kommer til stykket. Sygdom kan tilgå enhver. Tab af kostbare relationer, evnen til kroppens frie funktioner og sindets velvære samt smerter i alverdens afskygninger, det er jo alle parametre, som delvist er ude af vores hænder. Det fuldkomment selvaktualiserede liv er ikke nødvendigvis det gode liv.

Man må læse for læsningens skyld. Ikke fordi man skal opnå noget med det. Løbe for løbets skyld. Ikke for at opnå en bestemt tid. Medmindre det, i sig selv selvfølgelig, vækker en meningsgivende genklang.

Den frihed der ligger i, at ALT kan lade sig gøre, fordi man har ubegrænsede ressourcer til rådighed, vil altid støde ind i det forhold, at man alligevel ikke har ubegrænset tid til rådighed. Man ved godt, at man kunne have brugt tiden på noget andet og (måske) bedre.

Den meningsgivende genklang kan ikke alene ligge i selvets refereren til sig selv og sin egen meningsfuldhed. Det er der hvor man i mødet, med det som er meget større end én selv, livet, verden eller tilværelsen, opnår en oplevelse af at komme hjem til sig selv, at meningsfuldheden opstår. Genklang er nødt til at være funderet i noget udenfor én selv. Ellers bliver det et selvopfyldende ekko.

Vi er nødt til at se ind i uendeligheden for at forstå endelighedens valg. Vi er nødt til at se ind i angstens uendelige afgrund for at kunne indoptage endelighedens tryghed.

Det næstbedste er bedre end det bedste, hvis det bedste alene er defineret ved sin egen perfektion og præstation. Først igennem genklangen i relationen til noget andet opstår den forbindelse, som er større end præstationen eller oplevelsen i sig selv. I lyset af sammenhængen med noget, som er større end en selv, overskrides perfektionens modus.

Kunsten at være næstbedst er derfor ofte funderet i en anden kunst, nemlig Kunsten at være tidsbevidst.

Kunsten at *være* ... tidsbevidst.

Vores forståelse af tid har gennemgribende betydning for vores opfattelse af meningen med tilværelsen. Martin Heideggers mesterværk "Sein und Zeit" fra 1927 belyser sagen på bedste vis. Værket er komplekst, men visse af pointerne er i princippet ganske tilgængelige. Ganske frit formidlet kan man sige, at når man sætter sin forståelse af egne valg og handlinger ind i et større tidsperspektiv, tvinges man automatisk til at spejle dem i noget, der er større end én selv. Det valg som ellers kan have den største vægt for den enkelte, synes ofte lettere at acceptere på trods af fejl og udfald, når det ses i lyset af tiden forstået som levetid. Hvis valget derimod spejles i den konkrete gevinst eller det konkrete tab her og nu for den enkelte. så kan valget synes ubærligt stort.

Her er det vigtigt at holde tungen lige i munden.

Den accept som indfinder sig i perspektiveringen af valget i forhold til livets helhed, må ikke forveksles med den lethed som Milan Kundera har blik for i "Tilværelsens ulidelige lethed".

Lethed i betydningen "Uvæsentlighed" eller "overfladiskhed" medfører kvalme og angst.

Accept medfører balance.

Det er accept og balance, der er gevinsten her.

Tidsforståelsen er af afgørende væsentlighed for ens oplevelse af mening i livet. Dette viste sig f.eks. hos en fodboldtræner som Kasper Hjulmand, som udviste en høj grad af accept over et dansk nederlag til Finland ved en slutrunde. Kasper Hjulmand var kort forinden blevet mindet om at perspektivere det konkrete nuværende nederlag, i at Christian Eriksen i kampen mod Finland havde været tæt på at miste livet. Set i forhold til liv og død betød en slutrundeplacering faktisk ganske lidt. Med baggrund i denne accept evnede holdet endvidere at skabe et sammenhold, om noget der var større end dem selv, hvilket sikkert var medvirkende til, at de sammen præsterede på et, endog meget højt plan, i de efterfølgende kampe. De spillede faktisk bedre end de kunne.

Pointen er, at vi forstår os selv i lyset af den tidshorisont, vi holder vores væren op imod og vi tilskriver hændelser og forekomster mening i lyset af tidsforståelse f.eks. i form "øjeblikkets perspektiv" (den værdi noget har i sig selv netop nu uanset hvad) og "uendelighedens perspektiv" (den værdi noget har i forhold til, at der altid vil være noget, før, efter og ud over vores egen væren).

I den smukke film "Night Train to Lisbon" af Bille August, baseret på Pascal Merciers roman af samme navn, kredser hovedpersonen omkring begrebet forgængelighed.

Kun i lyset af erkendelsen af døden får hændelsen vægt. Kunne handlingen gentages eller omgøres i det uendelige, ville den blive ligegyldig, hvilket ingen ville ønske sig. Valget ville miste sin betydning.

Bevidstheden om tiden bliver central for vores måde at være på.

Vi træffer forskellige valg afhængigt af dette perspektiv. Et menneske der har været lige ved at dø eller har fået at vide, at vedkommende ikke har lang tid tilbage at leve i, vil oftest træffe helt andre valg, end den for hvem "den ene dag blot tager den anden". Dette betyder selvsagt ikke, at vi hver dag når vi slår øjnene op, skal starte med at minde os selv om, at vi en dag skal dø. Det giver derimod muligheden for at sætte pris på selv den simplest tænkelige tilgængelige form for nærvær "lige nu" og "lige her".

Igen skal jeg minde om, at dette ikke er en selvudviklingsbog, men snarere en perspektiveringsbog eller måske en debatbog. Derfor betyder det at være tidsbevidst i denne sammenhæng heller ikke, at der opfordres til an anden livsstil, hvor man fra nu af er mere tidsbevidst hele tiden for at få et bedre liv eller få det bedre med sig selv eller udvikle sig til et højere stadie.

Kunsten at være tidsbevidst skal forstås, som en påmindelse af noget vi vedvarende glemmer. Kunsten består i evnen til at komme i tanker om at sætte pris på alt fra det største og hurtigste til selv det mindste og langsomste. "Dasein" eller nærvær kan sagtens foregå i højt tempo. Den største "rus" kan være mere meningsgivende end den længste udtrækning af et øjeblik.

Kunsten at være tidsbevidst er evnen til at opleve tilværelsen, i lyset af den tid som altid allerede er der og altid vil være der. Tidsbevidsthed er samtidigt helt konkret et afstressende fænomen, som kaster lys over den næsten komiske travlhed, som vi ofte lægger for dagen.

En god ven af mig fortalte engang, at lægerne havde opdaget, at han havde en blodprop i benet, som han havde gået med i længere tid. Han kunne faktisk sagtens have været død af det, fandt han ud af. I lyset af dette fortalte han, med en slags afklarethed, at han fra nu af ville vælge at gøre noget andet. Han ville ikke nødvendigvis arbejde mindre, som jeg forstod ham, for han var egentlig ret glad for sit arbejde. Han ville heller ikke holde op med at tjene penge eller melde sig ud af samfundet eller flytte på landet eller til udlandet. Men han ville rejse mere, leve mere, opleve mere, *være* mere og være mere sammen med sine nærmeste. Det var det, som stod ham klart. Nærdødsoplevelsens værdi bestod for mig at se i påmindelsen om det værdifulde, som egentlig hele tiden havde været der, men som blev accentueret på ny. En påmindelse om bevidstheden om tid.

Afrunding

Bogens indledtes med en række omdrejningspunkter. Hvilket omdrejningspunkt kunne vel være mere naturligt end en *afrunding* af noget. I dette tilfælde en afrunding af det vi har brugt tiden på at være opmærksomme på sammen. Det ville være forkert, at tale om en afslutning for der er jo intet, der slutter her, men nogle gange skal man jo som bekendt, "lukke nogle døre, før at verden kan blive større".

Afrundingen her skal være en påmindelse om det smukke, der altid allerede èr. Det er derfor en taknemmelig skribent, der her takker af for nu. Jeg takker af for denne gang med en særlig tak til særligt en i mit liv, som altid er der og som provokerede mig lidt til at skrive bogen her færdig.

Vi kan alle trænge til et kærligt "puf" ind imellem.

Det at skrive bogen har kun skærpet min opmærksomhed på at forblive modig, autentisk og først og fremmest kærlig i min måde at *være* på. En meningsfuld væremåde, en resonant livsform eller en tilgang om man vil, som gælder i alle livets forhold, men som undervejs som jeg skrev bogen, også viste sig at være en grundbestanddel i afsnittet omkring "Resonant ledelse" som mulighed.

Resonans, eksistentiel tryghed og *meningsfuldhed* er undervejs blevet de gennemgående kriterier for Kunsten at *være.*

Resonans forstået som bindeled mellem meningsfuldhedens pejlemærker og oplevelsen af Eksistentiel tryghed. Så først er der mening givet, så forglemmes denne, så genfindes mening i genklangen og eksistentiel tryghed kan opstå. En eksistentiel tryghed der både henviser til en forglemt oprindelighed meningsfuldhed og en eksistentiel tryghed der gennem resonasens genklangsskabende gnitren på ny rækker ud efter meningsfuldheden.

Hvis ikke det man èr og gør, det giver mening, så vil der oftest altid allerede i udgangspunktet mangle noget essentielt. Hvis ikke dette meningsfyldte "noget" eksisterer eller perciperes i forhold til noget andet eller andre, så vil man altid efterlades med en rest af tomhed eller ligegyldighed i form af en manglende genklang i verden, hos andre eller i én selv.

Lad os skabe noget spænding, gnitren, mening og genklang sammen.

Lad os lytte på ny, både som mennesker og ledere.

Der er så meget at begejstres over hvert eneste øjeblik.

"Lige nu, lige her".

Litteratur

Bogens inspirationskilder

Rosa, H. (2021) *Resonans – en sociologi om forholdet til verden.*

Brinkmann, S. (2016) *Ståsteder.*

Høeg, P. (1990) *Fortællinger om natten.*

Hein, H (2023) *En Giftig Stresscocktail – Når Stress Skyldes Mangel På Mening.*

Antonowsky, A. (1986) *Helbredets mysterium – At magte stress og forblive rask.*

Løgstrup, K. E. (1956) *Den etiske fordring.*

Heidegger, M. (1935) *Kunstværkets oprindelse.*

Mead, G. H. *(1934) Mind, Self and Society.*

Heidegger, M. (1927) *Sein und Zeit.*

Kierkegaard, S. (1849) *Sygdommen til døden.*

Kafka, F, (1925) *Processen.*

Hesse, H (1943) *Glasperlespillet.*